図解 即 戦力

豊富な図解と丁寧な解説で、知識0でもわかりやすい！

キャッシュレス決済 が

しっかりわかる教科書

これ1冊で

キャッシュレス決済研究会

山本国際コンサルタンツ

JN012658

技術評論社

はじめに

　派手なキャンペーンやサービス会社の統合など、キャッシュレス決済に関する話題が日々メディアで取り扱われています。2018年4月、政府は経済産業省が発表した「キャッシュレス・ビジョン」の中で、今後、日本国内でキャッシュレス決済をより普及させていくことを明確に示しました。これまで日本でのキャッシュレス決済普及率はわずか約20％ほどでしたが、これを2025年に40％、そして将来的には80％までに引き上げたいとしています。

　政府はキャッシュレス化を目指すことで、消費の活性化や利便性の向上だけでなく、実店舗での無人化や省力化、不透明な現金資産の可視化および流動性の向上、決済データの利活用などを期待し、これらを国力強化にもつなげたいと考えています。

　本書ではビジネスでキャッシュレス決済に関わる人や、社会的テーマとして興味を持つ人を対象に、キャッシュレス決済の全般がしっかりわかるよう具体的なサービス名などを挙げながら解説しています。

　本書の構成は、1章ではキャッシュレス決済の最新の状況をまとめました。2章はキャッシュレス決済の定義や歴史、各決済の種類などを解説。3章、4章、5章ではそれぞれカード決済、電子マネー決済、QRコード決済について具体的なサービスを取り上げて詳しく解説しています。そして6章では海外のキャッシュレス事情について解説し、7章ではキャッシュレス決済の未来について解説します。

　本書がキャッシュレス決済の理解に、またビジネスチャンスにお役に立てば幸いです。

2020年1月
キャッシュレス決済研究会

海外を含めた
キャッシュレス決済の全体像

世界で広がるキャッシュレス決済

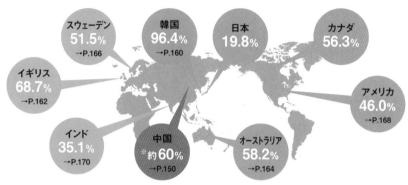

スウェーデン
51.5%
→P.166

韓国
96.4%
→P.160

日本
19.8%

カナダ
56.3%

イギリス
68.7%
→P.162

アメリカ
46.0%
→P.168

インド
35.1%
→P.170

中国
※**約60%**
→P.150

オーストラリア
58.2%
→P.164

（出典）野村総合研究所「キャッシュレス化推進に向けた国内外の現状認識」
一般財団法人キャッシュレス推進協議会「キャッシュレス・ロードマップ2019」 2016年の算出値 ※中国のみ2015年

世界のキャッシュレス動向

 イギリス
Paym

主要17行それぞれの銀行アプリから携帯電話番号を使って送金できる。

PAY NOW シンガポール
PayNow

2017年7月からシンガポール銀行協会によって提供されているQRコード決済サービス。

PromptPay タイ
PromptPay

タイ政府がタイ中央銀行主導のもと統一QRコード決済サービス「PromptPay」を提供。2019年からは日本でのサービスを開始している。

Zelle アメリカ
Zelle

金融機関の口座管理アプリなどから、メールアドレスなどを使って送金できる。

 SGQR

シンガポール金融管理庁によって導入された統一QRコード。今後、国内で利用できる27種の決済サービス固有のQRコードは廃止される予定。

DuitNow マレーシア
DuitNow QR

乱立するQRコード決済の利便性を高める目的で作られたマレーシア国内の共有QRコード。マレーシア中央銀行傘下のPayNetが提供。

イギリスやアメリカではクレジットカードが主流。さらに個人間送金にはスマートフォンを利用するサービスがスタンダードになってきている

アジア諸国では統一QRコードの普及が進んでいる

日本でも定着しつつあるキャッシュレス決済は、世界的にも広まりを見せています。
ここでは、世界のキャッシュレス決済の動向を見てみましょう。

📍 新しいクレジットカード決済の形「タッチ決済」

タッチ決済は、クレジットカードの各主要国際ブランドが導入と普及を進めている
決済方法です。タッチ決済に対応したクレジットカードを専用の端末にタッチするだ
けで、決済が完了します。サインの記入や暗証番号の入力も必要ありません。また、
2020年には世界で発行されている約半数のクレジットカードが、タッチ決済に対応
することが予想されています。

▶ VISAの対面取引におけるタッチ決済の比率が5割を超える主な国と地域

))) タッチ決済対応のクレジットカードやデビットカードに対応し
ている店舗にはこのマークがついている

イギリス　スペイン　イタリア　カナダ　オーストラリア　ニュージーランド　シンガポール　台湾

VISAの国内対面取引に占めるタッチ決済の割合が2/3を超える国は10ヵ国、1/3を超える国は30ヵ国。
中でもオーストラリアは、VISAの対面取引の93%をタッチ決済が占める

(出典) 一般財団法人キャッシュレス推進協議会「キャッシュレス・ロードマップ2019」

📍 乱立する日本のQRコード決済

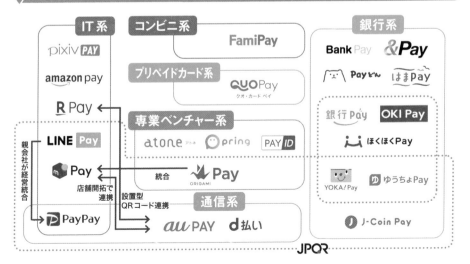

CONTENTS

Chapter 2

キャッシュレス決済の基本を知る

Chapter 3

カード決済のしくみとサービス

Chapter 4

電子マネーのしくみとサービス

Chapter **5**

QRコード決済のしくみとサービス

Chapter **6**

キャッシュレス先進国！
中国やそのほかの国の現状

Chapter 7
キャッシュレス決済を巡る現状と展望

ご注意：ご購入・ご利用の前に必ずお読みください

第1章
キャッシュレス決済の最前線はこれだ！

日本では現在、官民挙げてキャッシュレス化が叫ばれています。しかし現在の日本では、未だキャッシュレス決済が浸透しているとはいい難い状況です。日本や世界のキャッシュレス決済がどのようになっているのか、確認してみましょう。

<table>
<tr><td>Chapter1
01</td></tr>
</table>

PayPayに始まった キャッシュレス戦争

現在、「○○ Pay（ペイ）」と呼ばれる、キャッシュレス決済サービスの利用者は日々増え続けています。日本でキャッシュレス決済が注目されるようになったきっかけには「PayPay」の存在がありました。

2018年末PayPayの利用促進キャンペーンが大ヒット

PayPay
ソフトバンクとヤフーが設立した「PayPay株式会社」が運営するスマートフォン決済サービス。

還元
キャッシュレス決済サービスで買い物をしたとき、支払い額の一部がサービスの残高として戻ること。

今や急激な盛り上がりを見せている「キャッシュレス決済」ですが、その普及を加速させたのは、スマホ決済サービスの「PayPay（ペイペイ）」であるといえるでしょう。

PayPayでは利用促進を目的として、2018年12月4日から「100億円あげちゃうキャンペーン」を開始。そのキャンペーンは、「支払い額の20％がPayPayの残高として還元される」「10回に1回の確率で、10万円相当までの支払額が全額還元される」という、驚異的な内容でした。

このキャンペーンに参加しようと、PayPayアプリをとりあえずインストールする人や、PayPayを使って高額商品を購入する人などが続出しました。キャンペーンはSNSでも話題となり、これまでキャッシュレス決済に関心のなかった人にまで、その存在が認知されるようになったのです。

各社サービスもPayPayのキャンペーンに追随

LINE Pay
LINEが提供するキャッシュレス決済・送金サービス。

PayPayの第1弾のキャンペーンはわずか10日間で終了したものの、サービスの利用者を一気に拡大させました。このキャンペーンに対抗するかのように、12月14日から「LINE Pay」が支払い額20％を還元するキャンペーン「Payトク」を実施します。さらに「楽天ペイ」「d払い」「Origami Pay」などの決済サービス各社も、追随してキャンペーンを発表しました。こうして、バーコードやQRコードによるスマホ決済サービスの利用者を各社が奪い合う、「キャッシュレス戦争」の時代に突入したのです。

▶ PayPay「100億円あげちゃうキャンペーン」の効果

100億円あげちゃうキャンペーン

・PayPayでの支払いで20%戻ってくる
・40回に1回の確率で全額戻ってくる

PayPay登録ユーザーの増加

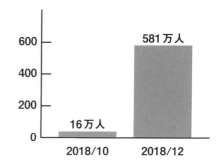

キャンペーンに参加しようと
PayPayの登録ユーザーが増加

キャッシュレス決済の認知の拡大

キャッシュレス決済サービスを提供するそのほかの会社も
次々とキャンペーンを開始し、キャッシュレス戦争が激化

Chapter1
02

なぜ今、キャッシュレスなのか？

現在の日本は、キャッシュレス決済に移行するムードが高まっています。しかし、クレジットカードなどのキャッシュレス決済は以前から利用されてきました。なぜ今、改めてキャッシュレス決済が注目されているのでしょうか。

● 世界各国とのキャッシュレス化の差を埋めたい日本

急速な広がりを見せるキャッシュレス決済サービスですが、「店舗で支払うときに現金を使わなくてよい」というしくみ自体は新しいものではありません。今話題になっているスマホ決済に限らず、Suicaなどの電子マネーやクレジットカードもキャッシュレス決済だからです。これまでにもさまざまなキャッシュレス決済方法が存在していたにもかかわらず、なぜ今、改めてキャッシュレス決済に注目が集まっているのでしょうか。

それは、「キャッシュレス後進国」とも呼ばれる日本が、キャッシュレス化が進む世界各国との差を埋めたいと考えているからです。2016年時点でのキャッシュレス比率は、日本が19.8%であるのに対して、中国では60%、韓国では96.4%となっています。その大きな差を埋めるため、日本政府はキャッシュレス化へと本格的に踏み出したのです。

● 消費者の利便性向上や犯罪防止につながる

また、キャッシュレス化を推し進めることで消費者もメリットを得られます。そのひとつが、利便性の向上です。キャッシュレス決済を利用することで、大金や財布を持ち歩く必要がなくなるほか、会計時にお金を出す必要もなくなります。また、大金を持ち歩いていると盗難などが心配ですが、キャッシュレス決済なら犯罪防止の対策になります。万一、スマートフォンやクレジットカードなどを盗まれて不正利用やスキミングの被害に遭っても、サービス会社やカード会社からの保障を受けやすくなります。このような理由から、キャッシュレス化が推進されているのです。

Suicaなどの電子マネー
非接触型ICチップが付いたカードやスマートフォンを店舗の読取機にタッチして支払う方式。タッチ決済ともいわれる。

2016年時点でのキャッシュレス比率
データの出典元は、2018年2月に野村総合研究所が発表した「キャッシュレス化推進に向けた国内外の現状認識」より。

スキミング
クレジットカードなどの磁気情報を盗み取ること。

▶ 世界のキャッシュレス決済比率

	2007年	2016年	2007年→2016年
韓国	61.8%	96.4%	+34.6%
イギリス	37.9%	68.7%	+30.8%
シンガポール	43.5%	58.8%	+15.3%
アメリカ	33.7%	46.0%	+12.3%
フランス	29.1%	40.0%	+10.9%
インド	18.3%	35.1%	+16.8%
日本	13.6%	19.8%	+6.2%
中国（※）	（参考）約40%（2010年）→約60%（2015年）		

※Better Than Cash Alliance のレポートより参考値として記載
出典：野村総合研究所「キャッシュレス化推進に向けた国内外の現状認識」

▶ キャッシュレス化が促進されている理由

**キャッシュレス化が進む
世界各国との差を埋めたいから**

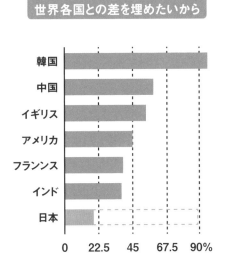

**キャッシュレス決済の利用によって
さまざまなメリットがあるから**

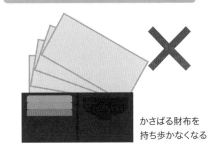

かさばる財布を
持ち歩かなくなる

強盗などの犯罪が
起こりにくくなる

中国ではQRコード決済が当たり前

キャッシュレス先進国の代表ともいえるのが中国です。60％のキャッシュレス比率を誇る中国ですが、それはどのような生活なのでしょうか。中国のキャッシュレス事情を確認していきましょう。

現金決済よりもキャッシュレス決済がメジャーな中国

キャッシュレス決済が普及している中国では、現金を持ち歩く人がほとんどいません。そのため、中国の都市部では銀行窓口やATMに並んだり、飲食店のレジで現金決済したりする人は滅多に見かけません。そんな中国でもっとも利用されている決済手段が「アリペイ（支付宝）」と「WeChat Pay（微信支付）」というQRコード決済で、買い物のほか、生活費の支払いや送金などに利用されています。中国でキャッシュレス決済が浸透している理由は、対応できる店舗が多いからです。特に、導入費用がほとんどかからないQRコード決済システムを導入する店舗が多く、コンビニや小さな屋台、フリーマーケットなどでも対応しています。その一方、現金決済はイレギュラーとされ、「現金決済NG」とする店もあります。日本では現金決済が主流でキャッシュレス決済はマイナーですが、その逆の状況が中国には生まれています。

生活費の支払いにも対応

特にアリペイにはさまざまな機能が備わっており、預金サービスも付帯しています。アリペイの預金サービスは銀行預金よりも利率が高いため、銀行口座に振り込まれた給料の全額をアリペイで管理する人もいます。また、家賃や光熱費に加え、病院の治療費までも、アリペイでの支払いが可能です。「患者が検査や薬の処方前に前金を支払うため、受付に長蛇の列ができる」という課題があった病院では、アリペイ決済を導入したことでその課題が解消されました。中国国民にとって、QRコード決済は生活に欠かせないインフラとなっているのです。

アリペイ（支付宝）
中国のネット通販最大手・アリババのグループ企業であるアント・フィナンシャルが提供するキャッシュレス決済システム。

**WeChat Pay
（微信支付）**
テンセントが提供するコミュニケーションアプリWeChat内の決済機能。

前金
売買契約として、品物を受け取る以前に代金を支払うこと。

▶ 中国ではキャッシュレス決済に対応する店舗が多数

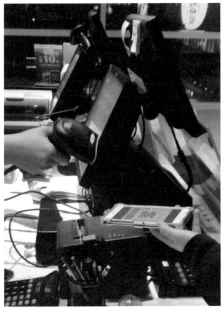

▶ 中国でキャッシュレス決済に対応しているもの

家賃

光熱費

病院の治療費

シェアサイクル

アミューズメント

税金

Chapter1
04

アリペイが急成長を遂げた理由とは？

中国で大きなシェアを持つアリペイは、アリババグループによって提供され、2013～2014年にかけて飛躍的に普及しました。その背景には、中国の2つの社会情勢の影響がありました。

規制緩和により店頭決済にアリペイが参入

中国でのアリペイの普及には、2つの理由があります。ひとつは、「規制緩和」です。もともとアリペイは、少しずつ成長を続けていました。しかし、2013年前期まで店頭でのスマートフォンによる決済が制限されており、市場では中国政府主導で普及が進められていた決済カード、銀聯（ぎんれん）カードが使われていたのです。銀聯のサービスが始まる2002年以前、中国では銀行や省によって決済システムがバラバラで、他行間での送金や省をまたいだ同行間での送金にトラブルが生じていました。そこで、政府は銀聯カードを普及させ、トラブル解決を目指します。これにより、中国には現金を使わない決済文化が根付くことになります。

その後、2012年に政権が交代したことで、状況が一変します。2013年7月、中国人民銀行が「銀行カード収単（アクワイアリング）業務管理法」を公布し、アリペイが店頭決済に参入できるようになりました。これがきっかけとなり、浸透し始めたのです。

銀聯カード
2002年、中国人民銀行が中心となり中国政府主導で設立された中国銀聯（China UnionPay）が発行するキャッシュカードやクレジットカード。その多くはデビットカードとして発行されている。世界一の発行枚数を誇り、中国銀聯によると2017年の時点で、累計発行枚数が全世界で66億9,000万枚を超えた。

ネットショッピングの利用者が増加したことも要因

もうひとつの理由は、「スマートフォンの普及」です。中国では2003年に「SARS（重症急性呼吸器症候群）」が流行したことで、感染を恐れ外出を控える人が多くなり、インターネットでのショッピングが広く認知されました。また、パソコンよりも手軽に使えるスマートフォンが登場したことで、場所を問わず買い物できることに魅力を感じた人々が、積極的にスマートフォンでネットショッピングを利用するようになります。この2つの状況があと押ししたことで、中国でアリペイは爆発的に普及したのです。

SARS（重症急性呼吸器症候群）
SARSコロナウイルスによって引き起こされるウイルス性の呼吸器感染症。

▶ 中国でキャッシュレス決済文化が浸透した理由

決済システムの統一

中国の金融機関は各地域・各銀行でシステムやルールなどが
統一されていなかったため、送金や決済のトラブルがあった

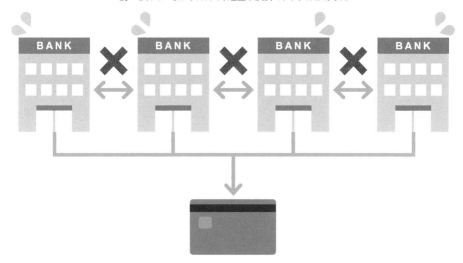

「銀聯」に加盟した金融機関どうしをオンラインで結ぶことで決済システムを統一
「銀聯カード」が、現金を使わない文化を浸透させた

アリペイの登場

アリペイで!

2013年7月の新法の公布により
アリペイが店頭決済に参入

ネットショッピングの流行

「SARS」の流行により
ネットショッピングが流行

Chapter1 05

キャッシュレス後進国、日本

「キャッシュレス後進国」ともいわれる日本では、現金決済が主流で、中国などのキャッシュレス化が進む国に比べ、キャッシュレス化に大きな遅れをとっています。日本は、なぜそうなってしまったのでしょうか。

📍 現金の信頼性、利便性が高過ぎる日本

　キャッシュレス決済比率は、中国や欧米先進国など多くの国で、ペースには差があるものの上昇し続けています。しかし、日本では、なかなかキャッシュレス決済の普及が進んでいきません。ではなぜ、日本ではキャッシュレス化が進まないのでしょうか？

　理由のひとつとして、日本では現金を利用しやすい環境が整備されていることや、海外に比べて治安がよく、現金を持ち歩くことに危険性を感じないことがあります。加えて利便性に関しても、日本ではATMがどこにでもあり、その機能も優秀で現金引出しに加え送金にも対応しています。つまり日本の現金は、信頼性と利便性の高さで群を抜いているのです。

　一方、キャッシュレスはどうでしょうか。クレジットカードが使える店舗が欧米やアジア諸国に比べて少ないことに加え、さまざまなキャッシュレス決済サービスが乱立して消費者や店舗を混乱させています。汎用決済サービスにとって何より重要なのは、いつでもどこでも使えることなので、ポイント還元のような旨みがない限り、なかなかキャッシュレス化は進みません。セキュリティの観点からも、不安を感じている人が多いようです。

　また店舗側の立場で見ても、「店内に現金を置かなくて済む」というセキュリティ面での大きな利点がありますが、治安がよい日本ではさほど大きなアドバンテージとはなりません。一方で、キャッシュレス決済の導入には、操作を覚えるのが大変、導入コストがかかる、即時入金でなく後払い、決済手数料の負担などのデメリットがあり、キャッシュレス決済普及のブレーキとなっています。

ATM
「Automatic Teller Machine」の略。銀行の口座から預金を引き出したり、振り込みを行うことができる。なお海外のATMでは定額引き出しのみであり、入金や送金には対応しないものがほとんど。

▶ 日本では現金の信頼性、利便性が高過ぎる

どこでも使える

安心して持ち歩ける

現金は日本では
最強の決済手段

いつでも補充できる

▶ 現状の日本のキャッシュレスにはデメリットが多い

利用者にとってのデメリット

規格が乱立していて
ややこしい

セキュリティが不安

店舗にとってのデメリット

治安がよいため店内に
現金を置いていても安心

タッチ決済の場合は
比較的安く済むが
導入コストは必要

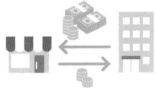

即時入金ではなく後払い
手数料も取られる

Chapter1 06

政府による
キャッシュレス化促進の支援策

現金主義の日本で今後課題となるのは、どのようにキャッシュレス化を浸透させるかです。そこで政府は、具体的な目標値を示した「キャッシュレス・ビジョン」を掲げ、キャッシュレス化に向けた施策に取り組み始めました。

● キャッシュレス化に向けた具体案が示される

　キャッシュレス決済の普及を目指すため、2018年4月、経済産業省は「キャッシュレス・ビジョン」を発表しています。これは、政府が「キャッシュレス決済の普及」を推し進めていくことで、消費者の利便性向上や事業者の生産性向上、訪日外国人の購買機会を獲得しようとする方策です。

　この中で定義される「キャッシュレス」とは、物理的な現金（紙幣・貨幣）を使用しなくても活動できる状態の総称のことで、その種類は「クレジットカード」「デビットカード」「電子マネー」のほか、QRコード決済システムなどによる「スマートフォン決済サービス」が含まれます。政府は、これらの決済方法に対応できる店舗と利用者を増やそうとしているのです。

● 日本のキャッシュレス決済比率を80％までに

　この方策では、数年後に達成したい「キャッシュレス決済比率」の具体的な目標値が示されています。それによれば、日本のキャッシュレス決済比率を2025年までに40％、さらには将来的に世界最高水準の80％まで引き上げることを視野に入れています。しかし、2016年時点で日本のキャッシュレス決済比率は約20％までしか伸びておらず、倍の数の浸透が求められる状況です。

　このほかにも、キャッシュレス決済先進国の動向や、日本におけるキャッシュレス決済の現状、それらを踏まえた今後の方向性、具体的な対策などもまとめられています。キャッシュレス・ビジョンは経済産業省のホームページから確認できます。一読すれば、政府が推し進めたい方策の概要を理解できるはずです。

キャッシュレス・ビジョン
「支払い方改革宣言」として、経済産業省が2018年4月に策定した方策。

デビットカード
後払い式のクレジットカードとは異なり、口座から即時引き落としされる決済用カード。

電子マネー
サインレスで、電子的なデータのやり取りによって決済できる決済サービス。楽天Edy（エディ）やSuica（スイカ）などがある。

▶「キャッシュレス・ビジョン」に明記されていること

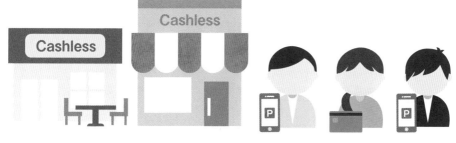

キャッシュレス決済に対応できる店舗と利用者を増やしたい

海外と日本のキャッシュレスの現状

今後のキャッシュレス促進の方向性と
具体的な対策

▶ 日本のキャッシュレス決済比率の目標

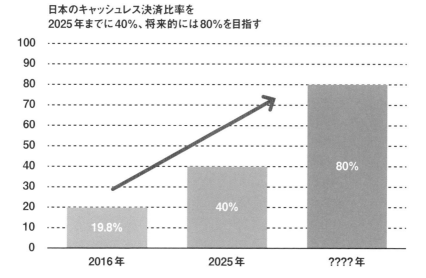

日本のキャッシュレス決済比率を
2025年までに40％、将来的には80％を目指す

出典：経済産業省「キャッシュレス・ビジョン」

なぜ国はキャッシュレス化を促進したいのか？

「キャッシュレス・ビジョン」の中では、キャッシュレス化の達成を図るための目標値が設定されています。その具体的な目標と行動案を示し、政府が本格的に改革を進めようとする背景には、ある理由がありました。

訪日外国人のための支払いの環境作りが急務

**2020年
東京オリンピック**
2020年7月24日から8月9日まで、日本の東京で開催される夏季オリンピック。

2025年大阪万博
2025年、日本の大阪府大阪市此花区で開催される国際博覧会。略称は「大阪・関西万博」。

　政府が急いでキャッシュレス化を推し進めているのは、2020年に控えた東京オリンピック・パラリンピックや、2025年に控えた大阪万博の開催が影響しています。それらによって、今後ますます訪日外国人が増加すると予想されています。日本はクレジットカードを使える店舗が少なく、キャッシュレスが当たり前の訪日外国人に大きなストレスを与えるかもしれません。このとき、多くの店舗で商機を失うことが予想できます。それを防ぐためにも、まずは2020年に向けての促進に力を入れているのです。

人件費削減や支出機会の向上など、メリットが多い

　事業者側がメリットを享受できることも、政府がキャッシュレス化の促進を図っている理由です。そのメリットのひとつが、現金決済に伴うコストの削減です。大手流通業などでは現金決済を行う場合、紙幣や硬貨の管理や輸送、集計などに、人件費をかけなければいけません。日本では少子高齢化が進み、人手不足が懸念されていますが、現金決済ではお釣りの受け渡し、売り上げの確認などにも人手を求められます。キャッシュレス化でそれらが必要なくなれば、少ない人員でも店舗を運営できるようになるでしょう。さらにキャッシュレス決済は、新規顧客の獲得機会、消費者の支出機会の増加にもつながりやすいといわれています。

　また、キャッシュレス化により売買記録がすべて残るようになると、実売に基づいた緻密な納税が可能になります。収支のやり取りが可視化されるキャッシュレス決済には、徴税の効率化や公正化なども期待されているのです。

▶ 訪日外国人のストレスを減らすための環境を整えたい

2020年、2025年のインバウンド需要予測

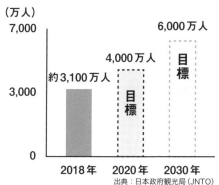

（万人）

7,000

6,000万人

4,000万人

目標

3,000

約3,100万人

目標

0

2018年　2020年　2030年

出典：日本政府観光局（JNTO）

2020年の東京オリンピック・パラリンピック、
2025年の大阪万博の開催では
多くの外国人が訪日すると予想される

キャッシュレスの環境の整備

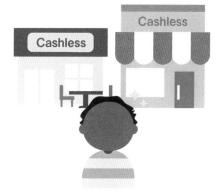

外国人が日本でストレスなく
スムーズに決済を行える環境を整えたい

▶ キャッシュレス化することによる店舗側のメリット

現金決済にかかる
コスト削減が期待される

レジでのお釣りの受け渡し、
売り上げの確認作業などがなくなり、
人手不足の解消につながる

消費者の一人あたりの支払い額が
増えること（客単価アップ）も期待できる

Chapter1 08

ポイント還元はキャッシュレスの促進に効果がある？

2019年10月、消費税が10%に増税されました。それに伴い、2019年10月から2020年6月まで「ポイント還元策」が導入されます。この方策は、キャッシュレス決済促進にどのような効果があるのでしょうか。

📍 キャッシュレス決済に対するポイント還元策とは？

消費税の増額
2019年10月1日から、消費税の税率が8%から10%に引き上げられた。

2019年10月に実施された消費税の増税にあたり、政府は2020年6月まで「キャッシュレス・消費者還元事業」を導入しています。これを利用すれば、指定されたキャッシュレス決済の利用により2%または5%のポイント還元を受けられます。

政府がこの方策を導入した目的は、2つあります。ひとつは消費の落ち込みを抑えることです。増税分をポイントとして補填することにより、消費意欲の低下を防ぐのです。もうひとつは、キャッシュレス決済を促進することです。ポイント還元対象の支払い方法を「キャッシュレス決済」に限定することで、キャッシュレス決済の利用者を増やしたいという狙いがあります。

ただし、この方策には課題があります。ポイント還元は一定期間だけ実施する方策のため、「その期間だけの特別運用にコストを支払うのは合理的ではない」「システムの改修が大変」と考える事業者もいます。また、キャッシュレス決済に関心が低い中小・小規模事業者のみが対象であること、複雑な制度を事業主が理解しづらいこと、地方部ではお年寄りも多く現金決済が主流のため、店舗側消費者ともにキャッシュレス決済導入のメリットが感じられないことなど、さまざまな意見があるようです。

加盟店登録
キャッシュレス・ポイント還元制度の対象店舗となるために、事業者が自ら行う手続きのこと。

このポイント還元策に参加するには加盟店登録が必要ですが、制度開始の10月中には対象となる店舗数に対し、実際に登録を済ませたのは半数にも満たない程度でした。その後12月末までに94万店が登録を済ませ、登録店は130万店程度まで増える見通しです。しかし、今後さらにキャッシュレス決済の普及を促進するためには、事業者のさらなる理解が求められます。

▶ キャッシュレス・消費者還元事業とは

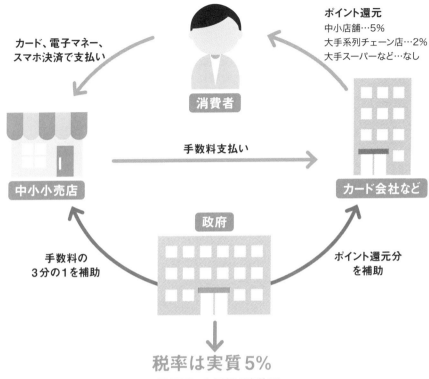

**カード、電子マネー、
スマホ決済で支払い**

消費者

ポイント還元
中小店舗…5%
大手系列チェーン店…2%
大手スーパーなど…なし

中小小売店

手数料支払い

カード会社など

政府

**手数料の
3分の1を補助**

**ポイント還元分
を補助**

税率は実質5%
※軽減税率の飲食料品は実質3%

▶ ポイント還元が多くの事業者に浸透しなかった理由

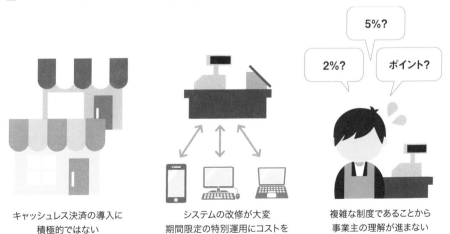

5%?

2%?

ポイント?

キャッシュレス決済の導入に
積極的ではない
中小・小規模事業者のみが対象

システムの改修が大変
期間限定の特別運用にコストを
かけたくない

複雑な制度であることから
事業主の理解が進まない

乱立する決済サービスが混乱を生む現状

政府のキャッシュレス化促進の政策もあと押しして、さまざまなキャッシュレス決済サービスが次々と登場しました。乱立するキャッシュレス決済サービスですが、それによって新たな混乱が生じています。

20以上のサービスが存在するスマホ決済サービス

政府によるキャッシュレス化促進の動きで、これまでに数多くの新たなキャッシュレス決済サービスが登場してきました。特に、PayPayのあとを追うように各事業者がスマホ決済サービスの提供やキャンペーンに注力したことでブームを起こし、現在ではスマホ決済だけでも20以上のサービスが存在しています。

しかし、この乱立する決済サービスに混乱している消費者もいます。ポイント還元などによる割引キャンペーンに惹かれ、サービス自体に興味を持つ消費者は多くいますが、サービスの種類が多過ぎるあまり、「どれがお得なのかわからない」と感じる人が多いのです。また、それぞれのスマホ決済サービスを利用するには、サービスごとにアプリをインストールし、情報を登録する必要があります。そのため、すでになんらかの決済サービスを利用している人の多くは、たとえ興味があっても「これ以上スマホ決済のアプリは増やしたくない」「登録が面倒だ」と考えるでしょう。各サービスを器用に使いこなそうとしても、その利便性を享受する前に疲弊してしまうのです。

スマホ決済サービスの利用
スマホ決済サービスは、利用にあたってアプリをスマートフォンにインストールし、名前や口座番号といった個人情報を登録するサービスが主流。

競合の多さに戸惑う事業者も

店舗側はキャッシュレス決済を導入することで、決済業務の効率化や客単価アップなどが期待できるとされています（Sec.07参照）。しかし、「サービスが多過ぎて自社にマッチするサービスがよくわからない」「サービスやアプリの使用感、セキュリティへの不安が払拭されなければ、消費者の熱が一気に冷めるかもしれない」とためらう事業者も多いのが現状です。

客単価
1人の消費者が一度の購入時に支払う平均額のこと。

▶ 複数のスマホ決済サービスにより、消費者は混乱

・スマホ決済だけでも20以上のサービスが存在
・どれを使うべきかがわからない

・これ以上インストールするアプリを
　増やしたくない
・個人情報の登録が面倒

▶ 導入に不安を感じる事業者

・数あるサービスの中から
　どれを導入すべきかわからない

・サービスの使用感が気になる
・セキュリティ面の不安

Chapter1

10

7payはなぜ失敗したのか？

スマホ決済サービスが次々と登場し、それを利用する消費者がいる一方で、「セキュリティに問題はないのだろうか？」と不安を感じ躊躇する人もいます。そう思わせるに至ったひとつの原因が、「7payの不正問題」です。

脆弱なシステムが不正利用に狙われる

7pay（セブンペイ）
セブン＆アイ・ホールディングスの傘下であるセブン・ペイが提供したスマホ決済サービス。開始わずか3ヶ月目にしてサービス終了。

7iD
7payを含むセブン＆アイHDのグループのネット通販などで使われる共通IDのこと。

2段階認証
IDやパスワードの確認のほか、セキュリティコードによる確認を行い、アカウントへの不正なログインを防ぐしくみのこと。

　セブン＆アイ・ホールディングスは、2019年7月1日に自社のスマホ決済サービス「7pay」の提供を開始しました。しかし、サービス開始直後に不正アクセスが相次ぎ、多くの消費者の「7iD」が乗っ取られ、最終的にはおよそ5,500万円の被害を出す事件となりました。なぜ、このような失敗が起きたのでしょうか？

　その原因のひとつは、「脆弱なシステム」です。7payのログイン時に使用される7iDは、生年月日と電話番号、メールアドレスがあればパスワード変更ができ、再設定時のメールアドレスも自由に指定できることから、IDが乗っ取られやすいシステムでした。また、アプリからの登録では必ずしも生年月日の入力を求められず、電話番号とメールアドレスさえわかれば、かんたんに乗っ取れるしくみだったのです。さらに、「2段階認証」にも対応していないなど、個人情報が軽く扱われていたことも判明しました。

会見でも「危機管理の甘さ」が露呈する

　もうひとつの理由が、セブン側の「危機管理の甘さ」です。不正利用の報告が相次ぎ、7月4日には運営会社が記者会見を開いています。しかし、そこでの発言は個人情報の重要性に対する無自覚や長引く問題解決への認識の甘さを感じさせるものでした。たとえば、不正利用が発覚した翌日になって「入金手続きを停止」したのは遅い対応だといわざるを得ませんが、対応が遅くなったと認識していなかったのです。ほかにも、システム側の不備を認めない発言を繰り返すなど、システムに対する過信を感じさせました。これらの要因が、前代未聞の事件を引き起こしたのです。

▶ 7payの不正問題とは？

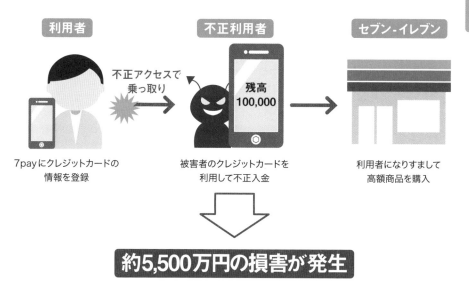

利用者	不正利用者	セブン-イレブン

不正アクセスで乗っ取り

残高 100,000

7payにクレジットカードの情報を登録

被害者のクレジットカードを利用して不正入金

利用者になりすまして高額商品を購入

約5,500万円の損害が発生

▶ 7pay不正問題が起きた理由とは？

脆弱なセキュリティ

LINE、Yahoo!、Facebook、Google、Twitterなどの外部IDでログインが可能	チャージに必要なパスワードを勝手にリセットできる	2段階認証が採用されていなかった

運営のずさんさ

認証コード

不正利用を受けて記者会見を開くも社長が2段階認証を知らず、危機管理の甘さとずさんさが露呈

提供開始への焦り

ローソンスマホレジ　　　ファミペイ

コンビニ大手3社中2社が先行してスマホ決済サービスを提供していたため、セブン-イレブンは開始を焦っていた

Chapter1

11

急速なキャッシュレス化の問題点とは？

世界各国に出遅れる形で、日本はようやくキャッシュレス化に向かって突き進み始めました。しかし「7pay不正問題」が起こったように、急速なキャッシュレス化の背景には、乗り越えるべき課題があります。

キャッシュレス化を阻むのはセキュリティへの不安

現在の日本は、政府主導でキャッシュレス化の普及に乗り出しています。しかし、この急速なキャッシュレス化には問題点も指摘されています。それが、7payの不正利用でも問題となったキャッシュレス決済サービスの情報セキュリティ問題です。

情報セキュリティ
情報の機密性、完全性、可用性を維持すること。

PayPayが2019年7月に「キャッシュレス決済を使わない理由」の調査を行った結果、「セキュリティが不安」という回答が45.2％を占めました。このことから、やはりキャッシュレス決済のセキュリティ面に不安を感じている人が多いことがわかります。

特にITリテラシーの高い若者は、キャッシュレス決済が便利である反面、リスクが付きまとうことも理解しているはずです。今後キャッシュレス社会を引っ張っていく世代がセキュリティ面に不安を感じていれば、普及は難しくなるでしょう。

ITリテラシー
情報機器やネットワークを利用して集めた情報を自分の目的に沿って活用できる能力。

「安心・安全」と感じてもらえる対策が必須

この問題に対応するため、決済サービスを提供する事業者にはキャッシュレスサービスを安全・安心に使えることのアピールが求められます。特に、ユーザーの個人情報の取り扱いには慎重にならなければいけません。こうしたセキュリティ対策を徹底して行った結果、ユーザーに「自分の個人情報は勝手に利用されない、外部に流出しない」と認識してもらうことができ、多くのユーザーがキャッシュレス化の波に乗ってくれるはずです。

PayPayは2019年9月13日に開かれた記者会見で、「不正利用の防止」「補償制度の適用」「相談窓口の設置」の3つの対策を明言し、ユーザーの信頼回復に取り組んでいます。

▶ PayPayが消費者1,850人を対象に調査したキャッシュレス決済を使わない理由

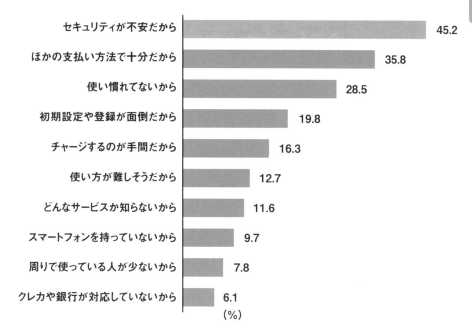

セキュリティが不安だから	45.2
ほかの支払い方法で十分だから	35.8
使い慣れてないから	28.5
初期設定や登録が面倒だから	19.8
チャージするのが手間だから	16.3
使い方が難しそうだから	12.7
どんなサービスか知らないから	11.6
スマートフォンを持っていないから	9.7
周りで使っている人が少ないから	7.8
クレカや銀行が対応していないから	6.1

(%)

出典：PayPay「キャッシュレス決済を使わない理由」（2019年7月調査）

▶ 決済サービス事業者が「安全・安心」を伝える

不正利用防止

端末認証
二要素認証
情報の暗号化
専任スタッフによる監視

相談窓口

24時間365日
いつでも相談できる
サポート窓口を設置

補償制度

不正利用被害の補償
加盟店への入金保証

PayPayでは、セキュリティに関する
3つの対策を明言している

意外な場所でもキャッシュレス決済を導入

神社ではお守りの購入やお賽銭をキャッシュレス化

　増え続けるキャッシュレス決済の導入店舗ですが、その中には、これまで「現金決済だけしか使えない」とイメージされていた場所も含まれています。

　そのひとつが「神社」です。京都市左京区の下鴨神社では、授与所でキャッシュカードや電子マネーを使った決済ができるようになりました。この神社は世界遺産に登録されていて、国外からも多くの観光客が訪れるため、外国人にとっては嬉しい対応でしょう。また、同じく世界遺産である、栃木県日光市の日光二荒山神社では、アリペイとWeChat PayのQRコード決済でお賽銭を支払えるようになっています。キャッシュレス決済によるお賽銭は、決済会社が代金を立替払いすることから、それを問題とする意見もあります。しかし時代の流れはキャッシュレスに向かっているということのようです。

アミューズメントパークでも現金は不要に

　また、いくつかのアミューズメントパークでも、キャッシュレス決済の導入が始まりました。愛知県名古屋市のレゴランドでは、グッズや記念写真などの買い物時に、クレジットカードや電子マネーのほか、QRコードでの決済も利用可能です。長崎県佐世保市のハウステンボスでは、現金とキャッシュカードのほか、電子マネーのWAONで決済ができます。さらに今後は、来園者の利便性向上と従業員の決済業務の簡略化のために完全キャッシュレス化を計画しており、現金の代わりに独自の電子通貨「テンボスコイン」を使った決済システムの導入を検討中です。

　このように、日本では意外な場所でもキャッシュレス決済が利用されるようになっています。いずれは中国のように、クレジットカードとスマートフォンだけで外出できるような未来が来るかもしれません。

第2章

キャッシュレス決済の基本を知る

経済産業省が発表した「キャッシュレス・ビジョン」では、キャッシュレス決済は「物理的な現金を使用しなくても活動できる状態」と定義しています。このキャッシュレス決済にはどのような種類があり、消費者や事業者にどのようなメリットがあるのでしょうか。

Chapter2
12

キャッシュレス決済の定義とは？

政府によるポイント還元などの施策で急速に推し進められている「キャッシュレス決済」とは、そもそもどんな決済方法を指すのでしょうか。まずは、キャッシュレス決済の定義について解説します。

◯ キャッシュレス決済は現金を必要としない支払い方法

　「キャッシュレス決済」と聞いて、スマホ決済を思い浮かべる人が多いようです。しかし、キャッシュレス決済の中には、クレジットカードや電子マネーなどのカード決済も含まれるのです。

　2018年に経済産業省がまとめた「キャッシュレス・ビジョン」（Sec.06参照）によると、キャッシュレスという言葉の意味を「物理的な現金を使用しなくても活動できる状態」と定義しています。これをキャッシュレス決済に置き換えると、広義の意味では「現金以外の支払い方法全般」となります。そして本書では、現在日本で主流となっている決済方法であるクレジットカード、電子マネー、そしてQRコードによる決済を指すこととします。

　日本で初めてクレジットカードが登場した1960年代まで遡ると、日本のキャッシュレス決済の歴史は長いといえます。それにもかかわらず、2019年が日本における「キャッシュレス元年」といわれる背景には、消費税増税を機にポイント還元制度を導入するなど国を挙げてキャッシュレス化に取り組む姿勢を打ち出したことがあります。またそれに加え、QRコード決済に代表されるいわゆるスマホ決済の普及が大きなあと押しとなったことが挙げられます。

　現在推進されているキャッシュレス化は、消費者と企業双方にメリットがあります。消費者側は、現金を常に持ち歩く必要がなくなり、無用なリスクから解放されるほか、ポイントの還元やキャッシュバックなどの特典が付与されます。また事業者は、現金決済の人為的ミスや決済に伴う人件費の削減などが期待できます。その一方で、キャッシュレス決済手段の乱立による導入コストやレジ操作の複雑化など、多くの課題も見えてきつつあります。

QRコード
株式会社デンソーウェーブが1994年に開発した2次元コード。

スマホ決済
QRコードやバーコード、スマートフォンのウォレット機能など、スマホアプリを通じて行う決済のこと。

▶ 現金を使わない支払い方法

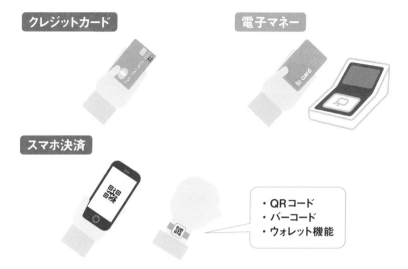

クレジットカード

電子マネー

スマホ決済

・QRコード
・バーコード
・ウォレット機能

▶ 決済手段別の利用意識

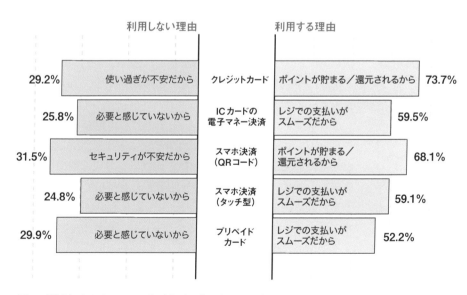

利用しない理由		利用する理由	
29.2%	使い過ぎが不安だから	クレジットカード	ポイントが貯まる／還元されるから	73.7%
25.8%	必要と感じていないから	ICカードの電子マネー決済	レジでの支払いがスムーズだから	59.5%
31.5%	セキュリティが不安だから	スマホ決済（QRコード）	ポイントが貯まる／還元されるから	68.1%
24.8%	必要と感じていないから	スマホ決済（タッチ型）	レジでの支払いがスムーズだから	59.1%
29.9%	必要と感じていないから	プリペイドカード	レジでの支払いがスムーズだから	52.2%

出典：一般消費者におけるキャッシュレス利用実態調査レポート（2019.09 版）
NEC ソリューションイノベータ株式会社　より抜粋
URL　https://www.nec-solutioninnovators.co.jp/ss/retail/whitepaper/05/

Chapter2
13

キャッシュレス決済の歴史と変遷

近年になって一般に浸透してきたキャッシュレス決済には、その言葉以上に長い歴史があります。現在進行形のキャッシュレス決済事情をよりよく知るためにも、これまでの歩みを今一度振り返りましょう。

キャッシュレス決済のこれまでとこれから

口座自動振替
日本では、1955年に日本電信電話公社（現・NTT）が通話料金の銀行口座振替を開始したのがその始まり。

交通系電子マネー
SuicaやPASMOなど、電車やバスの自動改札機で利用できる電子マネー。

流通系電子マネー
スーパーやECサイトなど流通業の関連会社が発行する電子マネー。楽天Edyやnanaco、WAONなどがある。

Libra
2020年より発行予定のFacebookが開発した暗号資産。価格変動のない設計を採用し、世界共通のお金を目指しているが、反発も多い。

GAFA
Google、Amazon、Facebook、Appleの頭文字で、世界的に影響力がある4大IT企業の総称。いずれも金融サービスへ参入している。

　日本におけるキャッシュレス決済の歴史は、クレジットカードが誕生した1960年代に遡ります。小切手や銀行口座からの自動振替などによるキャッシュレス決済はそれ以前から存在していましたが、ここではクレジットカードを起点に、現在までのキャッシュレス決済の変遷を駆け足で辿ります。

　日本で最初の多目的クレジットカードの誕生は、1961年初頭でした。その前年に日本交通公社（現・JTB）と富士銀行（現・みずほ銀行）が共同で設立した、日本ダイナースクラブが発行したのが始まりです。それからほとんど間を置かずに、日本クレジットビューロー（現・JCB）がクレジットカードを発行します。クレジットカードの利用代金の支払いは銀行口座振替が一般的ですが、このシステムを民間企業として初めて導入したのも、日本ダイナースクラブでした。

　クレジットカードの誕生から40年を経て登場したのが、EdyやSuicaに代表されるICカード型電子マネーです。Suicaを始めとする交通系電子マネーは2000年代後半までに全国に広がり、楽天Edyなどの流通系電子マネーとともに普及していきます。そして、スマートフォンが浸透した2010年代も中盤になると、スマートフォンを使った決済や送金サービス、そして現在のQRコード決済の台頭につながります。

　2000年以降のデジタル化の流れは、金融以外の企業の参入が大きな特徴です。現在、Facebookの暗号資産「Libra」に続いて、Googleも当座預金口座サービスの提供を発表しています。今後は、GAFAを始めとするIT企業がキャッシュレス決済、ひいては金融インフラに大きな影響力を持つことが予想されます。

日本におけるキャッシュレス決済の歴史年表

1961年		**クレジットカード発行** 日本ダイナースクラブ、 日本クレジットビューロー*1 が ほぼ同時期に発行を開始
1996年		**FeliCa ICチップ 販売開始** ソニーが非接触ICカード技術として 出荷を開始
2000年		**J-Debit 提供開始** 銀行のキャッシュカードで 支払い可能なデビットカードサービスを開始
2001年		**Edy*2、Suica 発行開始** ビットワレットがEdyを、 JR東日本がSuicaの 電子マネーサービスを開始
2004年		**Suicaショッピングサービス開始** **おサイフケータイ サービス開始**
2007年		**WAON、nanaco サービス開始** イオン、セブン&アイ系の 流通系電子マネーがサービスを開始
2016年		**Apple Pay、Google Pay サービス開始** iPhone、Androidスマートフォンで 支払いができるサービスが開始
2018年		**QRコードによるスマホ決済が開始** スマートフォンアプリを使ってQRコード 決済ができるサービスが多数開始

*1 日本クレジットビューローは、現在のJCB
*2 Edyは2012年に楽天Edyに名称変更

Chapter2
14

キャッシュレス決済を支える FinTech

キャッシュレス化の実現は、技術の進展抜きには考えられません。こうした金融に特化した技術やその動きを総称してFinTech（フィンテック）といいます。ここでは、キャッシュレス化を支えるFinTechについて説明します。

革新的な技術が作る新しい金融の世界

キャッシュレス化は、物理的な現金からデジタルデータによる取引へ移行するという意味において、デジタル化と同義と考えられます。この金融のデジタル化を牽引するのがFinTech（フィンテック）です。FinTechは、金融のデジタル化に伴う新しいサービスやしくみを作る技術やその潮流を意味します。

FinTechが扱う領域は、経理や家計簿など会計全般から決済、資産運用、暗号資産など多岐に渡ります。インターネットバンキングなども身近なところでしょう。従来金融機関が行ってきた領域に、ICTのプロであるIT企業が参入することで、一足飛びに次のフェーズに移行する可能性を秘めています。

キャッシュレス決済の観点に立ってFinTechを見てみると、端末にかざすだけですばやくデータ通信を行うICチップ「FeliCa」を使った非接触型の電子マネーがあります。カードにFeliCaのICチップを搭載したSuicaや楽天Edy、nanaco、WAONといったサービスが提供され、電子マネー決済を大きく普及させました。FeliCaは、スマートフォンへも搭載されています。さらにQRコードやバーコードを使ったコード決済も、FinTechによって生まれたものです。

また、店舗側の決済端末にも技術革新が進んでいます。端末は小型化し、現在ではスマートフォンやタブレットと連携させて各種キャッシュレス決済に対応したものが広く普及し始めています。

キャッシュレス決済は、キャッシュレス化への入り口に過ぎません。スウェーデンのように、キャッシュレス化の先にはブロックチェーンを用いたデジタル通貨も見えてきます。FinTechの動向を読むことが、次の時代への足がかりになるでしょう。

FinTech
「Finance（金融）」と「Technology（技術）」を掛け合わせた造語。

ICT
「Information and Communication Technology」の略で、情報通信技術のこと。

ブロックチェーン
分散型ネットワークを用いた台帳技術のこと。ビットコインの中核技術として語られることが多いが、暗号資産以外にもさまざまな場面で活用が期待される技術である。

▶ キャッシュレス決済は数あるFinTechの技術のうちのひとつ

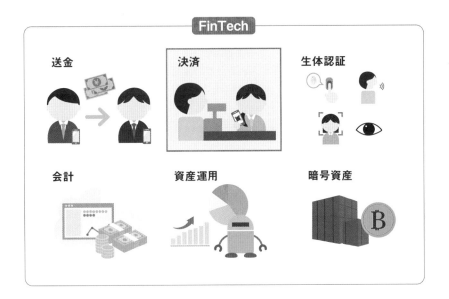

▶ キャッシュレス決済で利用されているFinTechの技術

FeliCa ICチップ

ICカードやスマートフォン、
スマートウォッチなどに搭載され、
非接触型電子マネーで使われている

QRコード

スマホ決済では
QRコード技術が使われている

決済端末

タブレットやスマートフォンと
連携し、売り上げデータの
分析や在庫管理、顧客管理が
できる端末もある

キャッシュレス決済の種類

2018年以降、QRコード決済の登場で急速に普及し始めたキャッシュレス決済ですが、その数は2019年末の時点で70種類を超えるともいわれています。ここではキャッシュレス決済の種類を2つの観点から分類して解説していきます。

「店舗での利用方法」と「代金精算方法」で区分

　キャッシュレス決済の種類は、何を起点にするかによって分類の仕方が大きく変わります。ここではまず、店舗での利用方法によって2つのグループに分類します。

　1つ目のグループは、「カード」による区分です。磁気カードやICチップを内蔵した接触型ICカード、FeliCaチップを内蔵しNFCを利用した非接触型ICカードなどが、それに当たります。接触型のICカードは主にクレジットカードやデビットカードなど、非接触型のICカードは主にSuicaや楽天Edyなどの電子マネーのカードで使われています。

　2つ目のグループは、「スマートフォン」による区分です。FeliCaチップを内蔵しNFCを利用して決済する非接触型と、画面にQRコードやバーコードを表示させて店舗側に読み取ってもらう、または店舗側に掲示されているQRコードを利用者が読み取って決済を行うQR／バーコード型があります。非接触型にはApple PayやGoogle Pay、QR／バーコード型にはPayPay、LINE Pay、楽天ペイなどがあります。

　店舗での決済方法による分類以外に、代金精算方法で分けることもあります。支払いのタイミングといったほうがわかりやすいかもしれません。この場合、「前払い（プリペイド）」、「即時払い（リアルタイムペイ）」、「後払い（ポストペイ）」の3つに分類されます。それぞれ、電子マネー（前払い）、デビットカード（即時払い）、クレジットカード（後払い）に当てはまりますが、QRコードやスマートフォンのウォレット機能などは、紐付けたカードの種類によって分類が異なります。

FeliCa
ソニーが開発した非接触型ICカードの技術方式。FeliCaの通信技術NFC-Fは、NFCフォーラムが定める通信方式のひとつに定義されている。

NFC
「Near Field Communication」の略で、近距離無線通信の国際標準規格。狭義には、ICチップを埋め込んだタグやデバイスを読み取り機にかざして通信を行う技術を指す。

▶ 店舗での利用方法による分類

カード

磁気カード

接触型ICカード
（クレジットカード、
デビットカードなど）

接触型決済

非接触型ICカード
（Suica、楽天Edyなど）

タッチ決済

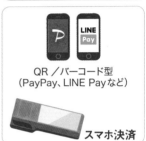

スマートフォン

非接触型
（Apple Pay、Google Pay）

タッチ決済

QR／バーコード型
（PayPay、LINE Payなど）

スマホ決済

▶ 精算方法（支払いのタイミング）による分類

**前払い
（プリペイド）**

事前にチャージ

交通系・流通系
電子マネー

プリペイドカード

**即時払い
（リアルタイムペイ）**

銀行口座から
引き落とし

デビットカード

**後払い
（ポストペイ）**

指定日に引き落とし

クレジットカード

コード決済、
スマートフォンウォレット
（Apple Pay、Google Pay）

信用を条件とする
カード決済

キャッシュレス決済のうち、ここではSec.15で「カード」に区分したクレジットカード、デビットカード、プリペイドカードについて解説します。それぞれ異なる特性を持つ、3つのカードを比較していきます。

精算方法がまったく異なる3つのカード

　ここでは、Sec.15で分類した2つのうち、「カード」のグループの「ICチップを内蔵した接触型ICカード」に属するクレジットカード、デビットカード、プリペイドカードについて説明します。この3種類のカードは、「カードの接触型ICカード」という同じ区分でありながら、精算方法の視点で見ると三者三様です。それぞれの特徴を見ていきましょう。

　まず、日本で現金の次に利用率が高い決済手段がクレジットカードです。クレジット（Credit＝信用貸し）の名の通り、利用者（消費者）の信用に基づいて発行されるカードです。その場で現金を支払わずに「後払い（ポストペイ）」で商品を購入できるのは、カード会社がカードの保持者である利用者の信用を、クレジットカード申し込みの際の審査で証明しているためです。

　次に、デビットカードです。デビットカードの特徴は、主に銀行が発行するキャッシュカードに付属する機能である点と、決済後すぐに銀行口座から支払う「即時払い（リアルタイムペイ）」である点です。また決済方法として、日本国内で利用可能なJ-Debitと、クレジットカードの国際ブランドによる国際デビットカードに分けられます。

　3つ目のプリペイドカードには、クレジットカードやデビットカードとの一体型やQUOカードや図書カードのような磁気型、コンビニなどでカードを購入し、カードに記載された英数字のコードをWebサイトに入力して利用するなサーバ型などのギフトカードタイプなど、さまざまな種類があります。共通しているのは、あらかじめチャージして使う「前払い（プリペイド）」だということです。

J-Debit
日本デビットカード推進協議会の提供による、日本のデビットサービス。同協議会の加盟金融機関のキャッシュカードが、そのままデビットカードとして利用できる。

ギフトカード
券面の金額分の買い物などの支払いが可能な商品券タイプのプリペイドカード。

▶ 3種類のカードの比較

	クレジットカード	デビットカード	プリペイドカード
支払い方法	後払い	即時払い	前払い
支払い回数	一括〜分割／リボ払い などの選択が可能	原則一括のみ	
利用可能額	審査により決定	普通口座の残高の範囲内 （上限設定あり）	チャージ残額の範囲内
審査	あり	なし	
年会費	あり	基本的になし	
発行事業者	クレジットカード会社 信販会社	銀行	前払式支払手段発行者 資金移動業者

▶ それぞれのカードの種類

クレジット	デビット	プリペイド	
国際ブランド ・VISA ・Mastercard ・JCB ・American Express ・Diners Club ・中国銀聯 など	ブランド デビット ・VISA ・Mastercard ・JCB	前払式支払手段 （買い物で利用）	資金移動 （買い物で利用でき、 さらにATMで現金の 引き出しが可能）
		ICカード型（電子マネー）	ブランドプリペイド
		流通系 ・楽天Edy ・nanaco ・WAON など	資金移動型 ブランドプリペイド ・VISA ・Mastercard ・JCB など
		交通系 ・Suica ・PASMO ・ICOCA など	
国内ブランド ・JACCS ・クレディセゾン ・セディナ ・三菱UFJニコス など	J-Debit ・国内銀行 キャッシュ カード	サーバ型（電子マネー）	
		ギフトカード型 ・App Store & iTunesギフト ・Amazonギフト ・Google Playギフト など	
		ブランドプリペイド	
		前払い型ブランドプリペイド ・VISA ・Mastercard ・JCB など	
ショッピングクレジット ・自動車 ・家具 ・家電製品 など		磁気型	
		・QUOカード ・図書カード など	

第2章 キャッシュレス決済の基本を知る

タッチするだけで決済完了

交通系で広がった
電子マネー決済

「電子マネー」という言葉には、厳密に定められた定義がありません。ここでは、ICチップ（FeliCa）を内蔵したカードやスマートフォンを通じて行う、電子的な決済手段（非接触型決済）を指すものとして説明します。

電子マネーはスムーズな決済がポイント

　SuicaやPASMO、ICOCAなど、居住地域で発行される交通系ICカードを日常的に使っているという人は多いでしょう。タッチするだけで電車に乗ったり買い物したりできる交通系ICカードこそが、電子マネーの普及を促した立役者といえます。

　このようにICチップ（FeliCa）内蔵のカードやスマートフォンを専用端末にかざすだけで決済できる非接触型決済には、Suicaなどの交通系のほかに、楽天Edyやnanaco、WAONなどの流通系があります。専用端末にタッチする（かざす）だけで決済できる利便性の高さや、プリペイド方式の支払い方法への安心感などが、利用者獲得につながったと考えられます。

　交通系や流通系ICカードの支払いは基本的にプリペイド方式ですが、**ポストペイ型の電子マネー**も存在します。現在、日本でポストペイ型決済手段の代表的なものがiDとQUICPayです。クレジットカードと紐付けて支払うことから、ポストペイ方式とされています。なお、iDは2006年から、QUICPayは2007年からそれぞれプリペイド方式にも対応しています。

　先にも触れた通り、電子マネーの最大のメリットはタッチするだけでスムーズに決済できる簡便性にあるでしょう。また、プリペイド型では事前に**チャージ**した金額を上限に買い物ができるので、うっかり使い過ぎてしまうことも回避できます。残高が少なくなるとその都度チャージが必要なプリペイド型に対して、ポストペイ型の電子マネーは、チャージの必要がありません。もっとも、プリペイド型のチャージに関しては、パソコンやスマートフォンからのチャージや**オートチャージ**機能を利用することで、手間や時間の軽減が可能です。

**ポストペイ型の
電子マネー**
iDやQUICPayのほか、近畿・東海・北陸で利用できる交通系の電子マネー「PiTaPa」も、交通系としては唯一ポストペイ方式を採用している。

チャージ
プリペイド型の電子マネーに入金すること。現金のほか、銀行口座やクレジットカード、ポイントなどからもチャージできる。

オートチャージ
設定した残高を下回ったときに、あらかじめ指定した金額をクレジットカードから自動でチャージする機能。

▶ 主な電子マネーの種類

▶ FeliCa 内蔵の IC カード・スマートフォンによる非接触型決済の流れ

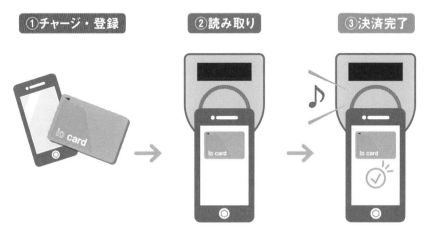

①チャージ・登録	②読み取り	③決済完了
IC カードへのチャージや、スマートフォンへのプリペイドカードまたはクレジットカードなどの登録を行っておく	レジで支払い方法(「Suica で」、「iD で」など)を伝えてから、専用リーダーに IC カードまたはスマートフォンをかざす	音が鳴り、決済が完了する

キャッシュレス化の風雲児となるか

採用が進む
QRコード決済

2018年にPayPayが仕掛けた「100億円あげちゃうキャンペーン」で一躍キャッシュレス化の最前線に躍り出たのが、QRコード決済です。導入のしやすさから、多彩な業界からの参入が相次ぎ、今後の展開が期待されています。

スマートフォンさえあれば決済できる

キャッシュレス先進国のひとつとされる中国で、生活インフラとなるまでに成長を遂げたのが「アリペイ」や「WeChat Pay」に代表されるQRコード決済です（Sec.03参照）。もともと製品情報の読み取りを目的として開発されたQRコードでしたが、**カメラ付き携帯電話**がQRコードの読み取りに対応して以来、さまざまな場面で利用されるようになりました。

そのQRコードとスマートフォンの組み合わせを決済システムに応用したのが、現在のQRコード決済です。QRコード決済には、店側が提示したQRコードを利用者がスキャンする店舗提示型と、利用者のスマートフォンで提示したQRコードを店側がスキャンする顧客提示型の2種類があります。利用者はスマートフォン、店側は読み取り用端末があれば利用でき、かんたんにQRコード決済を導入できるというメリットがあります。また、導入の容易さという点ではQRコード決済事業者にとっても同様で、ソフトバンク傘下のPayPayを始め、コミュニケーションアプリLINEを提供するLINE Pay、フリマアプリから派生したメルペイなど、**IT系企業の参入**が多いのも特徴です。

これらのメリットに加え、ポイント還元やキャッシュバックなどによって多くのユーザーを獲得し急成長を遂げる一方、セキュリティへの不安から利用を躊躇されるケースも少なくありません。2019年7月に7payの不正アクセスによるアカウント乗っ取り事件で約5,500万円の被害が発生したほか、2018年12月にはPayPayで不正に登録したクレジットカードが利用されるという事件が発生しました。こうした問題を一つひとつクリアしたとき、QRコード決済の真価が発揮されるでしょう。

カメラ付き携帯電話
カメラ機能を搭載したフィーチャーフォンおよびスマートフォン。初めてQRコードの読み取りに対応した機種は、2002年8月発売のJ-PHONE J-SH09。

IT系企業の参入
これは日本に限ったことではなく、中国のアリペイやWeChat Payも、ECサイトやインスタントメッセンジャーアプリから派生したものである。

▶ 店舗提示型によるQRコード決済の流れ

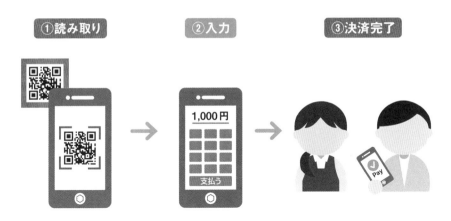

①読み取り　**②入力**　**③決済完了**

店舗スタッフにQRコード決済で支払うと伝え、利用者がスマートフォンのアプリを使って店舗レジのPOPなどに提示されているQRコードをスキャンする

利用者が金額を入力し、店舗スタッフに確認してもらう。金額に間違いがなければ支払いボタンをタップする

音が鳴り、決済完了の画面が表示されたら、店舗スタッフに確認してもらう

▶ 顧客提示型によるQRコード決済の流れ

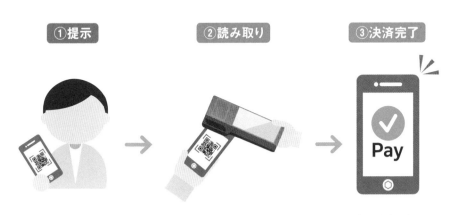

①提示　**②読み取り**　**③決済完了**

店舗スタッフにQRコード決済で支払うと伝え、利用者がスマートフォンのアプリでQRコードを提示する

店の読み取り端末で、QRコードをスキャンする

音が鳴り、決済が完了する

Chapter2
19

キャッシュレス決済で
金融ビジネスは変わるのか？

現金を必要としない暮らしが近付くにつれ、利用者から見た金融機関、その中でも銀行のあり方は、今とはまったく違ったものになることが予想されます。大転換期を迎え、金融ビジネスにおけるイノベーションが期待されます。

決済ビジネスがもたらす金融イノベーション

　IT（情報技術）の発達により、インターネットやスマートフォンが浸透した現在、人々の暮らしは大きく変化しようとしています。金融の世界も例外ではありません。IT、とりわけFinTechの台頭により、これまで金融機関が独占してきた金融ビジネスへの金融以外のプレイヤーの参入が相次ぐなど、新たな局面を迎えています。

　そうした中で、従来の現金を主とする「お金」の概念を超えるキャッシュレス化の推進は、金融の範囲に留まらず、社会全体に影響をもたらすものと考えられます。そのひとつが、ビッグデータです（Sec.68参照）。インターネットやスマートフォン、クレジットカードなどを使ったキャッシュレス決済では、現金での買い物では知り得なかった消費者の購買行動の情報がビッグデータとして蓄積されます。

　こうしたビッグデータの蓄積により、それらの決済データを利用したまったく新しいサービスが生まれる可能性が秘められています。金融機関はもちろん周辺企業にとって、大きなビジネスチャンスが眠っているのです。データを活用したビジネスの例として、証券会社のロボットアドバイザーや、銀行、クレジットカード会社の与信審査など、データとAIを使った金融サービスの開発、運用が、金融機関とIT企業などの共同事業として進められています。

　インターネットやスマートフォンの普及やキャッシュレス化により、消費者が金融機関に訪れる機会は今後減少する方向に向かいます。そのとき顧客ニーズに応えるためには、決済データなどを利用した新たな金融ビジネスへの取り組みが必要になるのです。

ビッグデータ
明確な定義はないが、一般的なデータベースや管理システムでは扱うことが難しい巨大で複雑なデータ群のこと。

**ロボット
アドバイザー**
AI（人工知能）による自動資産運用サービスのこと。アドバイス型と投資一任型がある。

> キャッシュレス決済により決済データが蓄積される

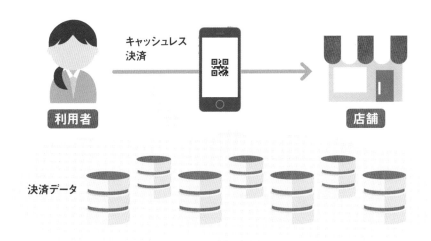

> 現在の金融はデータを起点としてビジネスを展開している

Chapter2
20

金融以外のプレイヤーが切り開く QRコード決済の可能性

その種類の多さから「なんとかPay」と呼ばれるほどに、多くのブランドが林立してきたQRコード界隈。中でも目を引くのが、流通系やIT系など金融以外のプレイヤーの参入です。そこにはどんな意味があるのでしょうか。

◉ QRコード決済はキャッシュレス化への試金石

2018年後半、それまで地味な存在だったQRコード決済を一気にメジャーに引き上げたPayPayは、その後もほかの追随を許さない独走態勢を保っています。そのPayPayを運営しているのは通信企業のソフトバンクとIT企業のヤフーです。実は、現在のコード決済シーンを牽引しているのは、LINEや楽天、メルカリといったITやECの大手から、専業ベンチャーのOrigami、pringまで、いずれも金融以外のプレイヤーたちです。

その理由のひとつには、国が推進するキャッシュレス化とITの相性のよさがあります。とりわけスマートフォンを使った決済は、得意とするところでしょう。また、2019年9月にPayPayが行った1周年記念記者発表会において、今後の事業戦略として、決済アプリからスーパーアプリを目指すことを発表しています。これは明らかに中国のアリペイ（Sec.03参照）を意識したもので、その意味するところは、PayPayを生活インフラとなるようなサービスへとシフトさせていくという宣言にほかなりません。

金融以外のプレイヤーが決済サービスに参入することで、ユーザーの購買データを自前で手に入れることができるという大きなメリットがあります。提供サービスを決済だけに留まらず生活全般に広げれば、いつ、どこで、何を、どのくらい、どういう手段で、買った、使った、などといった膨大なデータを扱えるようになるのです。

こうした状況を受けて、メガバンクによるQRコードの共通化など、銀行もQRコード決済に本腰を入れる構えを見せています。遠い未来はわかりませんが、現時点ではQRコード決済が今後もキャッシュレス化を加速させていくと見て間違いないでしょう。

pring
割り勘や送受金ができるアプリサービス。一部の飲食店や小売店、美容室などでQRコードによる支払いも可能。

**金融以外の
プレイヤー**
PayPayやLINE、楽天などは、自社またはグループ会社に金融事業を持っているため、まったくの門外漢というわけではない。

スーパーアプリ
公共料金やショッピングの支払いを始め、保険や投資、飛行機やホテルの予約、タクシーの配車など、暮らしに密着したオールインワンの生活アプリのことを指す。

▶ 国内の金融以外のQRコード決済事業者の勢力図

▶ PayPayが進めるスーパーアプリ構想

オフライン

コンビニ、理容室、小売店、
屋台、薬局、飲食店

公共料金＋税金

水道光熱費、税金、携帯料金

オンライン／O2O

EC、ホテル、オーダー、
タクシー、映画予約、
チケット、航空券

金融サービス

ローン、投資、後払い、
ゴールド、保険、家計管理

P2P／ソーシャル

小遣い、おねだり、ギフト、
お年玉、募金、割り勘

出典：「PayPayサービス開始1周年　今後は「スーパーアプリ」目指す　セキュリティ対策やサポートも強化」(ITmedia)
URL　https://www.itmedia.co.jp/mobile/articles/1909/13/news140.html

Chapter2
21

キャッシュレス決済による
消費者側のメリットとは？

キャッシュレス決済の波は、確実に来ています。しかし、私たち一般消費者にとってキャッシュレス化することのメリットはあるのでしょうか。ここでは、現金決済とキャッシュレス決済を利用した場合の導線を比較します。

生活に密着したソリューション

　大きな買い物にはクレジットカードを利用する人でも、日常的なちょっとした買い物は現金で支払うという人は、まだまだ多いのが現状です。そのとき、バッグから財布を取り出して小銭を探すのと、肌身離さず携行しているスマートフォンでタッチあるいはQRコードをスキャンするのとでは、支払い時のスピードが違います。また財布を持たずに外出しても、スマートフォンがあれば買い物などの支払いが可能です。

　こうした手軽さから使い過ぎを心配する声もありますが、タッチ決済やコード決済のアプリでは、手元で履歴を確認できます。また、家計簿アプリや会計アプリと連動することで、お金の管理がかんたんにできる点もメリットのひとつでしょう。

　そして、無視できないのがポイントの存在です。各サービスの支払いによるポイント付与はもちろんのこと、時節柄「ポイント還元」も、一定の条件下で適用されます。

　消費税増税後に実施されているポイント還元制度は、キャッシュレスで買い物をすると増税分がポイントで還元されるしくみです（Sec.08参照）。たとえば、コンビニエンスストアで食品をテイクアウトした場合、軽減税率が適用されるので消費税は8％になります。キャッシュレスで決済した場合、さらに2％分がポイント還元されるので、むしろ増税前よりもお得になるのです。

　消費者にとってメリットの多いキャッシュレス決済ですが、停電や通信障害が起こった場合、利用できなくなる決済サービスもあります。スマホ決済の場合は、スマートフォンのバッテリー切れも大きな欠点となります。メリットもデメリットも知ったうえで、ライフスタイルに合ったサービスを選ぶとよいでしょう。

家計簿アプリ／会計アプリ
レシートの読み取りや複雑な計算を自動で行えるお金の管理アプリ。

ポイント
各企業で扱われている、決済額などに応じて付与されるもの。貯まったら1ポイント1円としてなど、サービスに応じて決済に利用することができる。

消費者側のキャッシュレス決済を導入するメリット

支払いがスムーズになる

・バッグから財布を出す、小銭を出す、お釣りを受け取る…
　といった手間がなくなる

現金　　　　　　　　　　　　　　　　　キャッシュレス

お金の管理がしやすくなる

・いくら使ったかを確認しやすい
・家計簿を付けやすくなる

現金　　　　　　　　　　　　　　　　　キャッシュレス

ポイントが貯まる

・ポイント還元を受けることができる
・支払いによって付与されたポイントを貯めることで
　支払い額にポイントを充てた買い物ができる

キャッシュレス決済による
店舗側のメリットとは？

一般的に、キャッシュレス決済の導入は店舗側にはマイナス要素が多い印象がありますが、実際はどうなのでしょうか。店舗の立場から見たキャッシュレス決済のメリットを探ります。

店舗側の負担を減らす補助制度利用のススメ

日本でもっとも普及しているキャッシュレス決済といえばクレジットカードですが、決済手数料の負担などを考えると、個人商店などで積極的に導入を考えている店舗は多くはないでしょう。

しかし、国がキャッシュレス化への舵を切った以上、店舗側としてもキャッシュレス決済の導入を検討する頃合でもあります。折しも消費税の引き上げに伴って、中小・小規模事業者を対象とした補助制度が施行中でもあり、最小限の負担でキャッシュレス化を実現できる絶好のタイミングとなっています。この制度で店舗側が受けられる補助は、端末費用の3分の2（残りの3分の1は決済事業者が負担）、決済手数料の3分の1（実質2.17％以下）、消費者へのポイント還元（5％）の原資の国による負担の3項目です。端末導入費用の実質全額補助は、コストを気にする事業者にとっては大きなメリットになるでしょう。また中小店舗の場合、消費者へのポイント還元率が5％になります。コンビニなどチェーン店の還元率は2％のため、新たな集客や客単価アップも見込めます。

コスト面以外のメリットはSec.07で解説した通り、人手不足の解消や強盗などによる被害の減少。そのほかにはスムーズな支払いによるレジの混雑緩和、決済業務の軽減による時間の有効活用、釣り銭間違いなど人為的なミスの抑制、スマホ決済の場合は入金サイクルの早さなどが挙げられます。また、電子マネーやQRコード決済ユーザーの中には、現金を持っていてもポイントなどを目当てにキャッシュレス対応の店舗を選ぶ人も一定数います。決済方法の選択肢を増やすことで、**ポテンシャルカスタマー**の流入も期待できるでしょう。

補助制度
経産省主導で実施している「キャッシュレス・ポイント還元事業」における施策のひとつ。中小・小規模事業者が対象。

**ポテンシャル
カスタマー**
まだ顧客になっていない潜在層の顧客のこと。

▶ 店舗側のキャッシュレス決済を導入するメリット

国のキャッシュレス導入補助を受けられる

・今のタイミングでキャッシュレスを導入するとお得

支払いがスムーズになる

・レジの混雑の緩和

決済業務の軽減による時間の有効活用

・店舗メンテナンス

・新人教育

・接客スキルの向上

・商品開発

人為的ミスの抑制

・お釣りの間違いや
レジの打ち間違いなど

入金サイクルの早さ（スマホ決済）

・スマホ決済はクレジットカードよりも現金化が早い

Chapter2 23

キャッシュレス決済を取り巻く業界の全体像

キャッシュレス決済戦国時代とまでいわれる所以は、なんといってもプレイヤーの多さです。ここでは、どんな業種の企業がキャッシュレス決済事業に参入しているのかを俯瞰してみたいと思います。

なぜ金融以外の企業の参入が多いのか

QRコード決済の乱立が話題になりがちなキャッシュレス決済事情ですが、この傾向はしばらく続くと考えられます。QRコード決済は小売店だけでなく、事業者にとっても導入しやすいためです。たとえば、クレジットカード決済は**割賦販売法**、デビットカードは**銀行法**など、決済方法ごとに法律による規制が適用されます。クレジットカードはクレジットカード会社、信販会社、一部の決済代行会社、デビットカードは銀行といったように、発行できる事業者が制限されているのです。一方、プリペイドカードやプリペイド式電子マネー、QRコード決済などには、**資金決済法**が適用されます。事業者は、決済手段によって前払式支払手段の提供業者、または資金移動業に登録する必要がありますが、クレジットカードやデビットカードに比べて敷居は高くありません。

ざっと見るだけでも、電子マネーはSuicaを始めとする各地の公共交通機関が運営する交通系と、楽天Edy、nanaco、WAONなどの流通系に加え、NTTドコモによるiDとJCBのQUICPayがあります。JCBを除くほとんどの電子マネーサービスは、ノンバンク企業による運営であることがわかります。

そしてQRコード決済はというと、IT系、専業ベンチャー系、流通系、通信系、銀行系などさまざまな業種が参入しており、各業種ともコード決済事業に活発に取り組んでいます。また、国内のQRコード決済で一歩抜きん出ているPayPayは、ソフトバンクとヤフーとの合弁による決済サービスですが、2019年11月にヤフーとLINEの経営統合を発表しており、インターネット業界はもちろん、キャッシュレス決済の勢力図に大きな影響を及ぼすことになると見られています。

割賦販売法
主にクレジットによる分割払いを規制する法律のこと。所轄官庁は経済産業省。

銀行法
普通銀行（都市銀行、地方銀行、第2地方銀行）を規制する法律のこと。所管官庁は財務省。

資金決済法
前払式支払手段、資金移動業、資金清算業を中心とした資金決済に関する法律のこと。所轄官庁は金融庁で、2010年4月施行。

📩 電子マネーは金融以外の企業でも参入しやすい

クレジットカード決済	デビットカード決済	電子マネー・スマホ決済

規制している法律
割賦販売法

**カードを発行できる
事業者**
・クレジットカード会社
・信販会社
・一部の決済代行会社

規制している法律
銀行法

**カードを発行できる
事業者**
・銀行

規制している法律
資金決済法
割賦販売法（PayPay、LINE
Pay、Origami Pay など「クレ
ジットカード番号等取扱契約
締結事業者」としての登録を受
けている一部のスマホ決済）

**カードを発行できる
事業者**
・前払式支払手段の提供業者
・資金移動業登録業者

📩 電子マネー事業者の勢力図

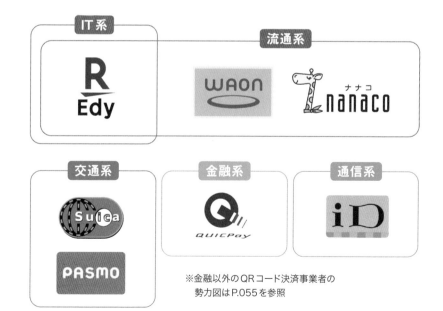

※金融以外のQRコード決済事業者の
　勢力図はP.055を参照

キャッシュレス社会 その先に見えるもの

現金の穴を埋めるデジタル通貨

　国によるキャッシュレス政策が本格化したことで、日本でもキャッシュレス化に向けた動きが活発化してきました。キャッシュレス社会が現実のものとなったとき、現在私たちが使っている電子マネーやQRコード決済もまた、その姿を変えているでしょう。未来の予測は容易ではありませんが、キャッシュレス先進国と呼ばれる国々の動向にヒントが見て取れるかもしれません。現金使用率がわずか2%というスウェーデンや、急速にキャッシュレス化が進んだ中国では、現在、法定通貨のデジタル化が進められています。また、フランスもデジタル通貨の発行を視野に入れていることを発表しています。

　中国やフランスが急ピッチでデジタル通貨の実用を目指す背景には、Facebookの暗号資産「Libra」（P.040参照）の存在があります。Facebookに介入される前に、自国のデジタル通貨を発行したいという思惑があるのです。キャッシュレス化の先に見えてきたデジタル通貨を巡る覇権争いは、すでに始まっているようです。

未来のカギを握るブロックチェーン

　中国の「デジタル人民元」やFacebookの「Libra」は、ブロックチェーン技術をベースにしていると報じられています。しかし、世界中のブロックチェーンコミュニティは、その使われ方に疑問を呈しています。技術的な詳細は省きますが、ブロックチェーンは中央集権的な管理者を置かず、そのシステムにコミットする人々によって自律的に管理される「分散型」ないし「非中央集権型」の台帳技術です。国や中央銀行、GAFAなどの巨大企業による中央集権型の通貨システムとは、対極に位置する理念を持つからです。

　キャッシュレス社会を牽引するテクノロジーが生み出すのは、監視社会か、それとも自律社会か。正しい選択こそが未来を決めるでしょう。

第 3 章

カード決済の
しくみとサービス

キャッシュレス決済の中でも、すでに多くの人が利用
し、私たちの生活の中に定着している「カード決済」
について紹介します。カード決済の種類やブランド、
メリット・デメリットを確認して、今後のカード利用
に役立てましょう。

Chapter3
24

カード決済のカードの種類

キャッシュレス決済サービスの中でも、すでに多くの人が利用しているのが、クレジットカードに代表される「カード決済」です。そこで利用されているカードには、どのようなものがあるのかを確認してみましょう。

カードにも種類が存在する

カード決済で使われるカードには、主に6つの種類あります。1つ目が、スーパーやデパート、ECサイト、家電量販店などが発行する流通系カードです。代表的なカードにはタカシマヤカードや楽天カード、ヤマダLABIカードなどがあります。2つ目が、交通系カードです。JRなどの鉄道会社や航空会社といった交通事業者が発行するカードで、代表的なカードにビュー・スイカカード、J-WESTカード、JALカード、ANAカードがあります。3つ目が、旅行や娯楽施設に多数の加盟店を持つT&Eカードです。American ExpressやDiners Clubが発行するカードなどのほか、広い意味ではJALカードやANAカードも該当します。4つ目は通信会社や電力会社などが発行する大型提携カードです。dカードやTEPCOカードなどがあります。5つ目が銀行が発行している銀行系カードです。三井住友カードや三菱UFJニコスカードなどがあります。なお、キャッシュカード一体型が必ずしも銀行系カードというわけではありません。カード会社と銀行が提携しているカードという位置付けであり、たとえば三井住友カードと三井住友銀行が提携している三井住友VISA SMBC CARDクラシックなどが該当します。6つ目は信販会社が発行している信販系カードです。OricoカードやJACCSカード、アプラスカードなどがその代表です。

また、クレジットカードにはブランドが存在しています。詳しくはSec.28から解説をしますが、VISAやMastercardは海外発ブランド、JCBは国内発ブランドといった違いがあります。また、Oricoカードや楽天カードなど、発行会社によって、ポイントや付帯するサービスなどに違いがあります。

ECサイト
自社の商品やサービスを、インターネット上に置いた独自運営のWebサイトで販売するサイトのこと。

▶ 主な6つの種類のカード

流通系カード

発行しているスーパーやサービス、ECサイトのポイントが貯めやすく、特典も豊富

楽天カード
https://www.rakuten-card.co.jp/

交通系カード

鉄道や航空など交通事業者が発行しているカード。交通系ICカード一体型のものも多い

ビューカード
https://www.jreast.co.jp/card/

T&Eカード

旅行や娯楽施設の加盟店が多く、カードによってはホテルやレストラン、劇場などで特典もある

American Express
https://www.americanexpress.com/japan/

大型提携系カード

提携しているサービスの支払いに利用することで、通常よりも多くポイント還元される

dカード
https://d-card.jp/st/

銀行系カード

銀行系カード会社が発行するカード。クレジットカードの基本ともいえる

三菱UFJニコス
https://www.cr.mufg.jp/

信販カード

信販会社が発行しており、ポイント還元率が高いものが多い

Oricoカード
https://www.orico.co.jp/

クレジットカード決済のしくみ

Chapter3
25

カード決済の代表的なものといえば、クレジットカード決済です。ほとんどの店舗で利用でき、クレジットカードを1枚持っていれば、かんたんに買い物ができます。そのしくみはどのようになっているのでしょうか？

アクワイアラやカード会社など4者間で決済される場合

クレジットカードの決済のしくみは、2つに分かれます。1つ目は、購入者、事業者、アクワイアラ（加盟店契約会社）、カード会社の4者間でやり取りする直接契約方式です。まず、購入者がクレジットカードを使って買い物をすると、その情報がアクワイアラに届きます。アクワイアラはカード会社に対して代金を請求し、カード会社はアクワイアラへ手数料を引いて立替払いします。アクワイアラは受け取った代金から手数料を引いて、事業者に支払います。その後、購入者は口座引き落としなどの方法で、カード会社に購入代金分の金額を支払います。なお、手数料は事業者側が負担するように定められているため、購入者に負担させることはできません。ただし、購入者が分割払いやリボルビング払いを選択した場合は、購入者はそれらの手数料をカード会社に支払わなければなりません。

決済代行会社を交えた5者間で決済される場合

2つ目に、決済代行会社を交えた5者間でやり取りする包括加盟店方式です。まず、購入者がクレジットカードで買い物をすると、その情報が決済代行会社に届き、代金は決済代行会社が事業者に対して手数料を差し引いて立替払いされます。決済代行会社はアクアワイアから加盟店契約に基づき代金が精算され、アクワイアラはカード発行会社と包括または包括代理加盟契約に基づき精算が行われます。その後、購入者は口座引き落としなどの方法で、カード会社に購入代金を支払います。なお、4者間での決済と同じく、購入者に決済手数料を負担させることはできません。

アクワイアラ
国際ブランドであるVISAやMastercardなどからライセンスを取得し、クレジットカードやプリペイドカードなどを受け付ける加盟店の開拓、審査、管理を行う機関のこと。

分割払い
購入者が買い物をしたとき、支払い回数を指定することで、利用代金を分割して支払う方法のこと。

リボルビング払い
毎月の支払い額を一定の金額に固定し、金利とともに返済していく支払い方法。一般的には、「リボ払い」と呼ばれる。

決済代行会社
事業者とカード会社との間を取り持つ会社のこと。事業者が複数のカード会社と契約を結ぼうとすると、1社ずつ契約を交わさなければならず、手間がかかる。そこで決済代行会社を経由することで、複数のカード会社と一括契約することができる。

▶ 購入者・事業者・アクワイアラ・カード会社による決済パターン

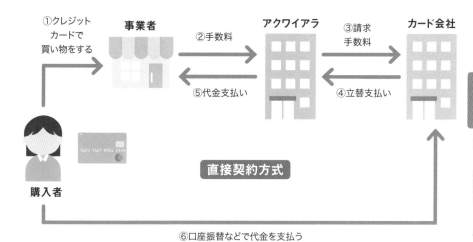

▶ 決済代行会社を交えた決済パターン

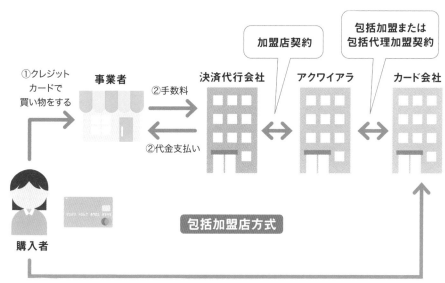

クレジットカード決済の導入

前節で説明したように、カード決済のしくみは購入者、事業者、アクワイアラ、カード会社の4者間と、決済代行会社を交えた5者間とで異なります。そのどちらを選ぶかによって、カード決済の導入方法も変わります。

直接契約方式の導入方法

　　まずは、購入者、事業者、アクワイアラ、カード会社の4者間でやり取りする直接契約方式の導入方法です。この場合、事業者は導入したいカードブランドの加盟店獲得業務を行うアクワイアラと契約し、カード会社ごとに審査を受けます。ただし、カード会社ごとに異なる審査基準をクリアするには、準備期間や人手が必要で、現状は大手企業だけが契約できるといわれています。また契約後も、ブランドごとに異なる契約内容や運用方法に対応しなければいけません。それだけではなく、各カードブランドごとに決済手数料（加盟店手数料）や締め日、入金日が異なるため、経理業務が複雑になります。経理のミスを防ぐために、人員を増やしたり、決済システムを構築したりするなど、運用コストやメンテナンス費用がかかりやすいというデメリットがあるのです。

締め日
期間の取引の合計をする期日のこと。カード会社ごとに月次の締め日が設定されている。

包括加盟店方式の導入方法

　一方、決済代行会社を交えた5者間でやり取りする包括加盟店方式では、カード会社ごとに直接契約を行う必要はありません。複数のカード会社への申請や契約交渉は、決済代行会社が代行してくれるので、ブランドごとに申請書類を用意する手間がなくなるのです。また、決済処理のしくみが一本化され、運用の手間がかかりません。入金のタイミングも統一され、経理処理の負担が減ります。各カード会社から振り込まれる売り上げは、決済代行会社が一本化して振り込んでくれるしくみです。さらに、決済代行会社が高度なセキュリティシステムや決済システムを提供してくれるので、自社開発する工数と費用を抑えられます。

▶ 直接契約方式で導入する場合

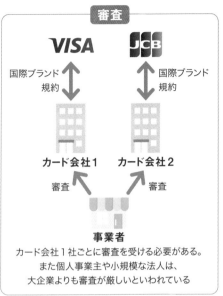

審査

VISA　JCB

国際ブランド規約　↕　国際ブランド規約

カード会社1　カード会社2

審査　　審査

事業者

カード会社1社ごとに審査を受ける必要がある。
また個人事業主や小規模な法人は、
大企業よりも審査が厳しいといわれている

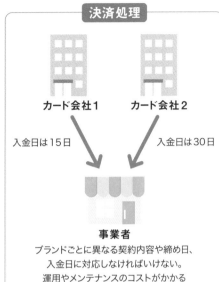

決済処理

カード会社1　カード会社2

入金日は15日　　　　　　入金日は30日

事業者

ブランドごとに異なる契約内容や締め日、
入金日に対応しなければいけない。
運用やメンテナンスのコストがかかる

▶ 包括加盟店方式で導入する場合

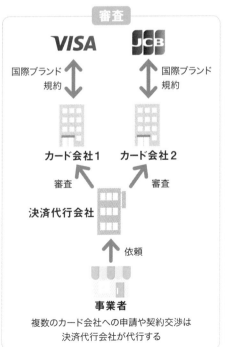

審査

VISA　JCB

国際ブランド規約　↕　国際ブランド規約

カード会社1　カード会社2

審査　　審査

決済代行会社

依頼

事業者

複数のカード会社への申請や契約交渉は
決済代行会社が代行する

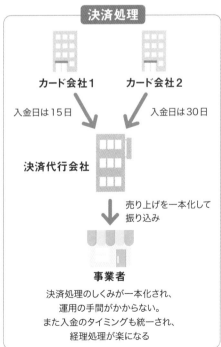

決済処理

カード会社1　カード会社2

入金日は15日　　　　　　入金日は30日

決済代行会社

売り上げを一本化して
振り込み

事業者

決済処理のしくみが一本化され、
運用の手間がかからない。
また入金のタイミングも統一され、
経理処理が楽になる

Chapter3
27

持っている人が急激に増えたデビットとプリペイド

カード決済業界地図・勢力図

政府のキャッシュレス・ビジョンでは、2027年までにキャッシュレス決済比率を4割程度に高める目標が発表されました。それに伴い、クレジットカードのニーズが高まり、さまざまな種類のカードが登場しています。

キャッシュレス化の本命はクレジットカード決済

キャッシュレス化の促進による新たなカード事業者が次々と参入したことで、クレジットカード市場の業界地図は激変しました。それをまとめたのが、Takashi Hoshikawa氏による右図です。Hoshikawa氏は、今後もクレジットカードがキャッシュレスの本命だと分析しています。それは、国際ブランドのクレジットカードによる加盟店開拓が数十年先行していることや、NFCによる非接触型のカードが増えていくことが予想されるからです。同氏は2020年の東京オリンピックに向けて、VISAが大規模なプロモーションを始めたことにも注目しています。

NFC
「NearField Communication」の略で、近距離無線通信の国際標準規格。狭義には、ICチップを埋め込んだタグやデバイスを読み取り機にかざして通信を行う技術を指す。

国際カードの傾向と今後の変化

次に、国内の変化を見てみると、国際ブランドのデビットカード、プリペイドカードの枚数が増加しています。特にデビットの利用は、増加する余地がありそうです。今後は国際ブランドのクレジットカードが、中期的にイシュアーに支払われる手数料を下げることに伴い、クレジットカードに付与される特典の範囲が縮小される可能性があります。その結果、クレジットカードに魅力を感じなくなった消費者がデビットやプリペイドに移行することもあり得ます。国際ブランドのデビットは、メガバンクや地方銀行からの発行増加や与信審査が不要なことが影響し、各社のアピール次第では利用者が増える余地があります。また、国際ブランドのプリペイドも増加傾向にあり、与信審査が不要なことに加え、匿名利用できるメリットもあることから、クレジットとデビットの隙間を埋めたり、若年層による利用が期待される傾向があります。

イシュアー
クレジットカードを実際に発行している会社・企業のこと。たとえば三菱UFJニコスやクレディセゾン、イオンクレジットサービスなどがある。

▶ 国内カード決済カオスマップ

カード（クレジット/デビット/プリペイド）

出典：Takashi Hoshikawa氏による国内キャッシュレス決済カオスマップ（2019年6月版）
https://medium.com/@t.hoshikawa

▶ 東京オリンピックに向けたVISAの大規模プロモーション

VISAによる支払いで東京オリンピックの観戦チケットが当たる大規模キャンペーンを打ち出した（キャンペーン期間は2020年3月31日まで）

https://www.visa.co.jp/about-visa/promotions/camp-smr-2-2019.html

▶ 国内における国際カードの傾向

	枚数	利用単価	利用金額（全体）
国際ブランドの クレジットカード	↗	↘	↗
国際ブランドの デビットカード	⬈	↗	⬈
国際ブランドの プリペイドカード	⬈	→	↗

国際ブランドのデビット、国際ブランドのプリペイドの枚数が急激に増加している

出典：山本国際コンサルタンツ
https://www.ym-international.com/

Chapter3
28

代表的な企業＆サービス①
VISA

自分に合ったクレジットカードを選ぶには、クレジットカードブランドごとの特徴を押さえる必要があります。主要なブランドのひとつがVISAです。世界規模で大勢の利用者を抱えるVISAの特徴を確認しましょう。

全世界でもっとも使われている決済用カード

　世界No.1のカードブランドとして有名で、安心して利用できるとされるのがVISAです。VISAにはさまざまな決済用カードで選択できるという特徴があります。国内には4,000種類以上の決済用カードが流通していますが、そのうち2,700種類以上の決済用カードでVISAを選択できます。また、対応する加盟店が多いこともVISAの特徴です。加盟店は世界200以上の国と地域に存在し、5,300万店以上の加盟店で利用できます。日本にも多くの加盟店があり、カード決済ができるほとんどの店舗で利用できます。また、独自のATMネットワークPLUS（プラス）を展開しており、海外でキャッシングしたいときにも便利です。PLUSのマークがあるATMであれば、すぐに現金が引き出せます。

PLUS（プラス）
VISAが中心となって運営する、世界的な銀行のオンラインシステムのこと。

決済ネットワークやセキュリティも充実

　利用者には見えない側面ですが、VISAはVisaNetと呼ばれる決済のための世界的なネットワーク機能が充実しており、カードを発行するカード会社やアクワイアラ、金融機関などの事業者にとっても採用しやすいカードといえます。また、セキュリティ対策も世界レベルでほかの国際ブランドに先駆けて導入しており、決済システムのリーダーともいえる立場にあります。
　また日本国内では、ブランドデビットで最初に採用されたブランドであり、今後国内でもデビットカードの分野でさらなる普及が期待されます。

VisaNet
VISAが運営する世界最大級の決済ネットワーク。毎日1億5,000万軒以上の取引を行い、175の通貨でやり取りがされている。

▶ VISA の主な特徴

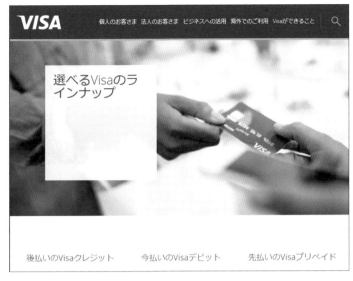

世界200以上の国と地域の加盟店で利用できる、世界No.1シェアのカードブランド。PLUSマークがあるATMでキャッシングができる

PLUSマーク

VISA カード
https://www.visa.co.jp/

▶ VISA を利用するメリット

※画像は「https://www.visa.co.jp/dam/VCOM/download/corporate/media/visanet-technology/visa-net-booklet.pdf」より

24時間365日稼働する世界最大級の決済ネットワーク、VisaNetを構築。VISAとカード会社やアクワイアラ、金融機関を結び、与信照会や決済などを行う

カードを利用した買い物に怪しい履歴があるとカード保有者に連絡が届くなど、セキュリティ性が高い

代表的な企業＆サービス②
Mastercard

VISAと並ぶ国際的なクレジットカードブランドのMastercardは、世界シェア2位であり、ほとんどの国と地域で使うことができます。そのため、海外旅行に行くときにも使われやすいカードです。

VISAを追う世界で使われている国際ブランド

7大国際ブランド
VISA、Mastercard、JCB、American Express、Diners Club、DISCOVER、銀聯の7つのクレジットカード国際ブランドのこと。

クレジットカードの7大国際ブランドのひとつであるMastercardは、世界210を超える国や地域にある、3,800万以上の加盟店で利用できます。VISAに次ぐ世界No.2のシェアを誇っていることから、海外に旅行や出張に行く際には1枚持っておくと安心です。世界的にはVISAのシェアが高いものの、ヨーロッパや一部の地域ではMastercardもよく利用されています。日本国内で利用する場合、VISAと加盟店数の差はなく、ほとんど同じ条件で利用することができます。また、MastercardもVISAと同様、ブランド独自のATMネットワークCirrus（シーラス）を展開しています。

Cirrus（シーラス）
Mastercardが中心となって運営する、世界的な銀行のオンラインシステムのこと。JCBやDiners Clubも参加している。

テクノロジーとブランディングに強い

MastercardはほかのにMastercardはほかの国際ブランドに比べて、モバイルやICカード、FinTechなどのテクノロジーに強いという特徴があます。世界各地でほかの国際ブランドに先駆けてさまざまな新しい試みを展開しています。

プライスレス・シティ
Mastercardは「プライスレス」というキャッチフレーズを掲げて、お金では買えないキャンペーンやタイアップを企画している。その中で、Mastercard会員だけが特別に利用できる特典プログラムのこと。

また、プライスレス・シティと呼ばれるキャッチフレーズによるブランディングにも積極的です。プライスレス・シティではニューヨークやロンドン、パリなど、世界の主要都市で展開される優待特典プログラムを利用できます。ほかにも、オンラインショッピング利用時のセキュリティ強化はもちろんのこと、不正利用された際には全額補償してくれます。なお、このようなサービスはVISAでも同様に受けることができるので、世界シェア1位と2位でサービスの差はほぼありません。

▶ Mastercardの主な特徴

Mastercard
https://www.mastercard.co.jp/ja-jp.html

世界No.2のシェアを誇っており、特にヨーロッパではMastercardが使いやすいとされている。また、CirrusのマークがあるATMではキャッシングも可能

Cirrusマーク

▶ Mastercardを利用するメリット

優待割引

国内・国外のレストランや観光施設の優待割引を受けることができる

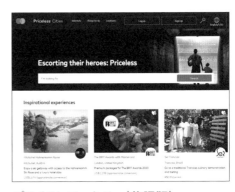

プライスレス・シティ（英語版）
https://www.priceless.com/

世界の主要都市で展開される優待特典プログラム。珍しいイベントやその地域の隠れた名所などを特別体験できる

Chapter3
30

代表的な企業＆サービス③
JCB

株式会社ジェーシービーが運営する、日本で唯一の国際クレジットカードブランドがJCBです。日本国内のほとんどの店舗はJCBに加盟しており、利用場所に困りません。そのほかにも多くのメリットがあります。

日本唯一の国際ブランドだが、海外の加盟店は少ない

　日本発の国際ブランドカードであるJCBは、2019年3月末時点で、加盟店は約3,000万店、会員数は約1億3,000万人となっています。VISAなどほかのブランドと同様のカード決済システムを提供するブランド業務に加え、カード会社として自ら消費者向けに決済用カードを発行しています。日本には数多くの加盟店があるブランドですが、海外においてはそうとはいえません。国際ブランドのシェア率は、VISAが56%程度あるのに対し、JCBは1%程度にとどまっていて、取扱額は多いとはいえません。にもかかわらず、多くの日本人や日本在住者に利用されているのは、さまざまなメリットを享受できるブランドだからです。

国際ブランドとカード会社としての2つの側面を持つ

　JCBを利用するメリットのひとつは、世界主要都市の41ヵ所に設置されているJCBプラザ／プラザ ラウンジを利用できることです。たとえばJCBプラザでは、現地のJCB加盟店や観光を日本語で案内してもらえたり、JCBプラザラウンジではネット閲覧サービスや荷物の一時預かりサービスを利用したりできるなど、旅行をするときに便利なサービスが充実しています。また、**プロパーカード**を持てることもメリットです。JCBのプロパーカードは、一般カードでも豊富な付帯保険が付いてきます。しかも、プロパーカードでクレジット支払いを行えば、商品と交換できたり、Amazonで使えたりするJCB独自のポイントが貯まるしくみになっています。

国際ブランドのシェア率
2015年の「ザ・ニルソン・レポート」（アメリカのカード決済とモバイル決済業界の著名な専門誌）によると、世界全体の総購入取引件数における国際ブランドのシェア率は、VISAが56%程度と圧倒的であるのに対し、JCBは1%程度であると報告された。

プロパーカード
国際カードブランドが自らが発行するカードのこと。一方、国際ブランドとカード会社が協力して発行するカードは提携カードと呼ばれる。

▶ JCBの主な特徴

日本発の国際ブランドカード。23の国と地域で発行され、加盟店は約3,000万店、会員数は約1億3,000万人。海外ではほかのブランドに比べて加盟店が少ないが、国内では加盟店の数が多く、日本人や日本在住の外国人に多く利用されている

JCBカード
https://www.jcb.co.jp/

▶ JCBを利用するメリット

JCB PLAZA
https://www.jcb.jp/ws/plaza/

JCBプラザでは、現地のJCB加盟店や観光を日本語で案内してもらえる。JCBプラザラウンジでは、「ネット閲覧サービス」や「荷物の一時預かりサービス」を利用できる

JCB 個人クレジットカード
https://www.jcb.co.jp/ordercard/os.html

JCBのプロパーカードは、一般カードでも豊富な付帯保険が付いてくる。クレジット支払いを行えば、商品と交換できたりJCB独自のポイントが貯まったりする

Chapter3
31

代表的な企業＆サービス④
American Express

富裕層向けカードブランドの代表といえば、American Express（通称「アメックス」）です。このカードは、日本の限られた店舗でしか使用できませんが、支払い以外のサービスも充実しています。

全世界で圧倒的なブランド力を持つ国際ブランド

「持つ人のステータスが高い」と認識されやすいAmerican Expressは、多くの経営者やビジネスマンが利用する国際ブランドです。そのブランド力の高さは、7大国際ブランドの中でも突出しています。利用可能な店舗がそれほど多くなく、年会費が高いことでも有名ですが、高い年会費に見合った付加価値の高いサービスが提供される点が特徴です。また、国内外のトラベルサービスが充実していて、航空便の遅延費用を補償してくれたり、ブランド専用サイトからの旅行を申し込んだりするなど、トラベルサービスに強いカードです。

ポイント還元率が高くポイントの移行先が多い

メンバーシップ・リワード
American Expressのポイント・プログラムのこと。

メンバーシップ・リワード・プラス
ポイント有効期限が無期限になり、ポイント還元率が2倍になるオプションプログラムのこと。

買い物の際に、American Expressのクレジットカードで支払うと、利用金額100円あたり、メンバーシップ・リワードのポイントを1ポイント貯めることができます。貯まったポイントは、ネットショッピングに使えるだけではなく、ギフトカードと交換したり、よく利用する店舗やサービスのポイントに移行できたりします。またメンバーシップ・リワード・プラスに登録していれば、通常は3年が期限となっているポイントの有効期限が無期限となり、しかもポイント換算レートがアップします。そのため、ポイントをさらにお得に利用できるのです。貯めたポイントは、ブランドが提携する航空会社のマイルに移行することもできます。また手荷物無料宅配サービスなどの空港でのサービスも利用できるので、海外に行く人は持っておくと便利なカードであるといえます。

▶ American Express の主な特徴

持っているだけでもステータスになるといわれる国際ブランド。年会費が高く、加盟店もそれほど多くはないが、その分付帯サービスが充実している

American Express
https://www.americanexpress.com/japan/

▶ American Express を利用するメリット

トラベル
サービス

航空便の遅延費用を補償してくれたり、ブランド専用サイトからの旅行を申し込めたりするなど、トラベルサービスに強い

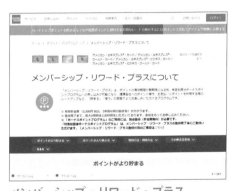

メンバーシップ・リワード・プラス
https://www.americanexpress.com/jp/
rewards/membership-rewards/common/
plus.html

メンバーシップ・リワード・プラスに登録していれば、ポイントの有効期限が無期限となり、ポイント換算レートがアップする

Chapter3 32

代表的な企業＆サービス⑤ 楽天カード

ここまで国際ブランド4社を紹介しましたが、ここからは特徴的なカード発行会社3社を紹介します。まずはカード発行1位の楽天カードです。楽天カード株式会社が発行し、高いポイント還元率とセキュリティ対策が人気です。

ポイント高還元率で、セキュリティにも自信あり

楽天スーパーポイント
楽天が運営するポイントサービスのこと。楽天グループのほか、楽天ポイントカード加盟店でも利用可能。

楽天カードの特徴のひとつは、クレジットカード利用で還元率1%（利用金額100円で1ポイント）と高い還元率を誇ることです。貯めた楽天スーパーポイントは、楽天グループのサービスで現金と同じように使えたり、ANAマイルに交換できたりします。また、キャラクターやスポーツチームなどの豊富なカードデザインが揃っていて、好きなデザインのカードを持ち歩けることも魅力です。申込時には、電子マネーの楽天Edyを付けるかどうかを選べるため、電子マネー付きのクレジットカードを持ちたい人にも便利です。さらに、セキュリティ面でも優れています。カードの不正利用を防ぐカード利用お知らせメールや、海外旅行傷害保険のサービスを受けられます。

年会費無料でポイントがどんどん貯まる

楽天e-NAVI
楽天カード会員専用のオンラインサービスのこと。

バナー
Webページ上で、ほかのWebサイトを紹介する役割を持つ画像のこと。

楽天カードを利用するメリットは、なんといってもポイントを貯めやすいことでしょう。楽天が提供しているサービス内でカードを利用すれば、還元率がさらにアップして、店舗によっては最大10倍ポイントになる場合もあります。また、楽天ポイントカードや楽天ペイと合わせて利用すれば、二重にポイントが付与されるしくみになっています。そのほかにも、新規入会特典で2,000ポイントが付与されたり、楽天e-NAVIのバナーをクリックしてエントリーするとポイントが貯まったりするなど、ポイントを貯めやすいしくみになっています。しかも、年会費無料で利用でき、ほとんどの無料カードには付かない海外旅行保険まで付帯しています。

▶ 楽天カードの主な特徴

楽天カードはポイント還元率が高いため、ポイントが貯まりやすく、楽天ペイと紐付けることでポイントの二重取りも可能。カードのデザインが豊富で、電子マネーにも対応している

楽天カード
https://www.rakuten-card.co.jp/

▶ 楽天カードを利用するメリット

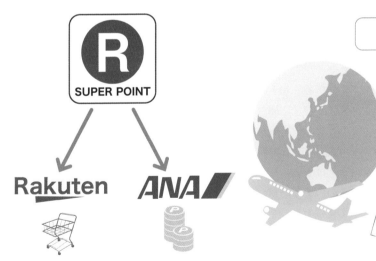

貯まった楽天スーパーポイントを楽天グループのサービスで現金と同じように利用したり、ANAマイルに交換したりできる

海外旅行保険などの便利なサービスを年会費無料で利用可能

Chapter3 33

代表的な企業＆サービス⑥ 三井住友カード

三井住友カード株式会社が発行する三井住友カードは、楽天カード、三菱UFJニコスとともにカード業界トップ3に入る大手カード会社です。数々の新サービスを利用者に提供するなど、常に業界を牽引しています。

取扱額が日本トップクラスの歴史あるカード会社

　三井住友フィナンシャルグループの三井住友カードは、日本における取引額がトップクラスの大手カード発行会社です。創立は1967年と古く、1980年には日本で初めてVISAカードを発行したことでも知られています。現在はVISAブランド以外にも、Mastercardや銀聯カードも発行しています。カードのラインナップは300種類以上あり、一般カード、ゴールドカード、学生カードなどを始め、ポイント還元率が高いカード、リボ払い専用カード、ローン専用カード、AmazonやANAなどと提携しているカード、女性専用カードなど多岐にわたります。

　また、1994年よりカードの裏面に顔写真を掲載する写真付きカードを日本で初めて発行し、現在でも作成することができます。万一紛失や盗難にあった場合でも、カード利用時に所有者本人かどうかがすぐに確認できるため、不正利用がしにくいというメリットがあります。また、写真付きカードは無料で作成できるものもあるので、海外のホテルやレストランなどで身分証明書代わりとしても使えるため、人気です。

　さらに2020年2月にはカードデザインを刷新しました。これまでは券面にパルテノン神殿をデザインするなど、重厚感あふれるものでしたが、新しいデザインでは「未来を映し出す光と足元を照らす光」をイメージしたデザインになりました。新デザインで特徴的なのは、不正利用防止を目的に、表面に凹凸で刻印されていた16桁のカード番号と有効期限がなくなり、日本で初めて裏面に平面表記した点です。ほかにもVISAブランドのカードはすべてVISAのタッチ決済に対応させるなど、キャッシュレス時代に対応した変更となっています。

写真付きカード
現在は三井住友カードのほか、三井住友トラスト・カードでも写真付きカードが作成できる。

カードデザインを刷新
提携カードを除くすべてのクレジットカードのデザインを30年ぶりに変更した。なお、写真付きカードは裏面へのカード情報表記の対象外となる。

▶ 三井住友カードの主な特徴

三井住友カード
https://www.smbc-card.com/

日本のカード会社でも
上位に入る、歴史のあ
る三井住友カード。
300種類以上ある多彩
なカードの中から、自分
の用途に合わせたカー
ドを選ぶことができる

▶ 三井住友カードを利用するメリット

歴史があるため安心

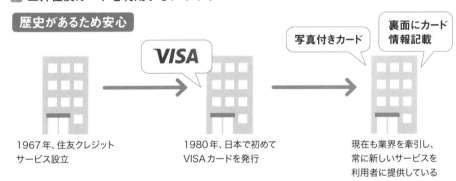

写真付きカード

裏面にカード
情報記載

1967年、住友クレジット
サービス設立

1980年、日本で初めて
VISAカードを発行

現在も業界を牽引し、
常に新しいサービスを
利用者に提供している

写真付きカード

不正利用防止

身分証明書として

国際 太郎

裏面に顔写真を付けたカードを
作ることができる

カード情報を裏面に表記

三井住友カード デザイン変更
https://www.smbc-card.com/camp/newcard/index.html

店頭での盗み見防止のため、カード番号や有効期限などは裏面に
表記されている

Chapter3
34

代表的な企業&サービス⑦
Oricoカード

老舗信販会社オリエントコーポレーションが発行するOricoカードは、業界シェアは上位ではありません。しかしポイント還元率の高さで知られるなど、独自のサービスを展開しています。

豊富なカードラインナップと電子マネー付きが魅力

Oricoカードの特徴のひとつは、その豊富なラインナップです。プロパーカードだけでも30種類程度、提携カードを含めると100種類程度のカードが用意されています。その中から、目的に沿ったカードを選ぶことができます。また、電子マネーのiDやQUICPayが搭載されたカードを選ぶことで、電子マネー用のカードとしても利用できます。発行手数料は無料で、年会費無料のカードを選べば、お金をかけずに便利な機能が付いているカードを所有できます。さらに、クレジットカード支払いで買い物をすれば、カードの種類によっては、ポイントプログラムのオリコポイントや暮らスマイルのポイントが貯まります。

暮らスマイル
Oricoカードのポイントサービスのこと。

ポイントがどんどん貯まるしくみ

Oricoカードには、オリコモールで2〜15倍のポイントを貯められるというメリットがあります。オリコモールを経由して楽天市場などのネットショップで買い物をすると、2〜15倍のポイントが貯まるしくみです。また、ポイント還元率の高さも魅力のひとつです。オリコポイントの還元率は1%（利用金額100円あたり1ポイント還元）で、高い還元率になっています。なお、Orico Card THE POINTカードの入会後6ヶ月間は還元率2%になるため、さらに貯まるしくみです。さらに、年間利用の累計金額によって、暮らスマイルの翌年のステージが決まるため、そのステージによっては1〜2倍のポイントを貯められます。このように、ポイントが貯まりやすいカードを所有したい人に、ぴったりのカードといえます。

オリコモール
お得にポイントが貯まるOricoカードのポイントモールのこと。

▶ Orico カードの主な特徴

プロパーカードだけでも30種類、提携カードを含めると100種類のカードが用意されており、ラインナップが豊富。発行手数料は無料で、年会費無料のカードもあるので利用しやすい

Orico
https://www.orico.co.jp/

▶ Orico カードを利用するメリット

電子マネーのiDとQUICPayがダブル搭載されたカードを選択することも可能

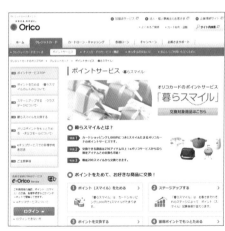

暮らスマイル
https://www.orico.co.jp/creditcard/point/

オリコポイントと暮らスマイルでポイントが貯まる。また、ポイントアップのしくみが豊富でポイントを貯めやすい

Chapter3
35

クレジットカード決済を利用する メリット・デメリット

クレジットカード決済を利用すれば、手持ちの現金がなくても、商品を後払いで購入できます。そのようにスムーズな買い物を実現できるカード決済ですが、ほかにはどのようなメリットとデメリットがあるのでしょうか?

後払いやポイント、保険が魅力的

　クレジットカード決済のメリットのひとつは、後払いで支払えることです。現金の持ち合わせがなくても、欲しいタイミングで商品を購入できます。そのとき、一括払いや複数回払いなどの支払い方法を選択できるのも魅力です。また、代引きや銀行振込のように手数料は発生せず、利用金額に応じてポイントを貯められます。利用するカード会社の条件によっては、「獲得できるポイントが2倍になる」などのサービスを利用することもできます。ショッピング保険が付帯するカードでは、商品の破損や盗難が補償されます。ほかにも施設利用料が割引になる、空港のラウンジを利用できるなど、付帯サービスが充実しているカードが数多くあります。このようにクレジットカード決済の利便性以外にも、お得感を感じやすいのが、カード決済のメリットです。

ショッピング保険
クレジットカードで購入した商品の破損・盗難を補償してくれる付帯保険のこと。

後払い特有のデメリット

　その一方で、デメリットもあります。まず、現金がなくても決済できるため、支払い能力以上の金額を使い過ぎてしまうリスクがあることです。そうなれば、延滞などの事実が信用情報に記録され、大きなペナルティを負うことになります。また、分割払いやリボ払いには、最大で18.0％の手数料がかかります。たとえばリボ払いのときに、必ず購入額以上の金額をカード会社に支払うことになるため、注意が必要です。さらに、年会費がかかるカードの場合、カードを使わないと、その年会費は無駄になってしまいます。また、インターネットでの利用時にはサイトにカード情報などを入力するため、情報漏洩のリスクが付きまといます。

信用情報
クレジットやローンなどの申し込みや契約に関する情報のこと。客観的な取引事実を登録した個人情報で、クレジット会社が顧客の「信用」を判断するための参考資料として利用する。

▶ クレジットカード決済の主なメリット

後払い	ポイント	補償

後払いなので現金がなくても購入できる	利用金額に応じてポイントを貯められる	クレジットカードで購入した商品が壊れていた場合などに補償が受けられる

▶ クレジットカード決済の主なデメリット

使い過ぎ	手数料	情報漏洩

支払い能力以上の金額を使い過ぎてしまう可能性がある	分割やリボ払いには、最大で18.0%の手数料がかかる	個人情報が漏洩する可能性がある

Chapter3
36
カード決済のセキュリティ

クレジット取引セキュリティ対策協議会が公表した資料によれば、2017年1月から9月までのクレジット取引の不正使用被害は177億円でした。これを防ぐために、国でクレジットの法整備が進められています。

不正利用されるさまざまな手口

セキュリティコード
クレジットカードやデビットカードの不正使用を防止するための特殊コードのこと。

クレジットカードが盗まれると、カードに記載されている「名義人」「カード番号」「有効期限」「セキュリティコード」といった個人情報が他人に洩れてしまいます。銀行口座番号や決済情報までは洩れませんが、カード決済に必要な情報が洩れるため、カード決済の不正利用に遭いやすくなります。カード情報を盗む手口には、さまざまな方法があります。たとえば偽サイトに誘導してカード情報を入手する「フィッシング詐欺」。カードの磁気データスキャナーで読み取る「スキミング」などです。また、海外にはカードの情報を盗むことを目的に、ATMが細工されていることもあるので注意が必要です。不正利用が発覚した場合、カード会社が盗難保険を適用してくれる場合もありますが、カード裏面に名義人の署名がないなどの場合は、適用されない場合もあります。

クレジットカード決済の法整備

改正割賦販売法
2018年6月1日に施行された、割賦販売法の一部を改正する法律のこと。クレジットカードを取り扱う加盟店で、「クレジットカード番号等の適切な管理」「クレジットカード番号の不正利用の防止」を講じることが義務付けられた。

登録制
クレジットカードの運営会社は、クレジットカード番号等取扱契約の登録をしないと運営ができないという制度のこと。

2018年6月1日、クレジットカードに関する法律、割賦販売法が改正され、クレジットカードを取り扱う加盟店などに、会員番号などの個人情報の漏洩やカードの不正利用の対策が義務付けられることが決定しました。また、クレジットカードを発行するカード会社などに義務付けられていた登録制が、店舗と契約してクレジットカード決済をサポートするアクワイアラや決済代行会社の一部にも求められるようになりました。このように、消費者の安心・安全を強化するための法整備が今もなお進められています。

▶ カード情報を読み取る手口

フィッシング詐欺

有名企業を装って電子メールを送信し、偽装されたURLをクリックさせてクレジットカードを使用させる

スキミング

磁気ストライプカードに書き込まれている情報をスキャニングによって抜き出し、まったく同じ情報を持つクローンカードを複製する

▶ 割賦販売法の改正

2018年以前

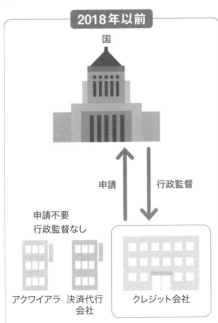

国

申請　　行政監督

申請不要
行政監督なし

アクワイアラ　決済代行
会社　　クレジット会社

2018年6月より

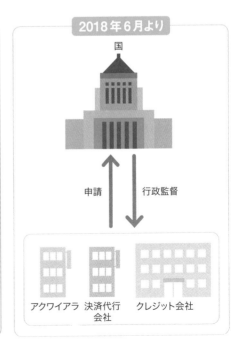

国

申請　　行政監督

アクワイアラ　決済代行
会社　　クレジット会社

カード利用の壁となる金銭感覚とセキュリティ

カード決済の促進を阻む金銭感覚問題

　キャッシュレス化の普及が進む日本では、クレジットカードの発行枚数が年々増えています。一般社団法人日本クレジット協会が発行した資料によれば、平成28年から平成30年までに、2〜3％のアップが続いている状態です。にもかかわらず、経済産業省が発表した「キャッシュレス・ビジョン」では、クレジットカード決済比率が、支払い全体の20.0％にとどまっています。それはつまり、クレジットカードを所有している人が、必ずしもカード決済を利用していない、ということです。原因は、「使い過ぎてしまいそうで怖い」「金銭感覚が麻痺しそう」といった心理的な理由が多いようです。そのようなカード決済に伴う不安を取り除くことが、カード決済の普及を促進するカギとなるはずです。

カード保有者になったら心がけたいセキュリティ対策

　また、カードを利用するにあたり、気を付けたいのがセキュリティ問題です。不正利用を防ぐために、個人でもできることがあります。そのひとつが、カード会社から発行された利用明細を必ず確認し、心当たりのない引き落としがないかどうかをチェックすることです。そうすれば、不正利用にも気付きやすくなるでしょう。また、カードの暗証番号は推測されやすいものを避けることで、リスクを最小限に抑えられます。さらに、海外旅行から帰国したあとなどには、カードの暗証番号を変更することも対策としては効果があります。インターネットで買い物をする際にも、注意が必要です。「第三者と共有のパソコンで決済しない」「マルウェア対策ソフトウェアを有効にする」などして、決済時は安全なデバイスを利用しましょう。また詐欺サイトが横行しているので、少しでも怪しいと思ったら、詐欺の可能性を疑うことが大切です。

第4章

電子マネーの
しくみとサービス

クレジットカードの次に、私たちの生活に根付いている
るキャッシュレス決済といえば電子マネーでしょう。
特に通勤通学で電車やバスに乗る人にとって、Suica
やPASMOなどはとても身近な存在となりました。
そのような電子マネーについて見ていきましょう。

Chapter4
37

電子マネーの種類

電子マネーの種類を大きく分けると、交通系と支払い系に分類できます。使い勝手のよさに加え、交通機関の乗車時やスーパーでの買い物など、主な利用機会が生活に密着している分、潜在的な利用者が多いことが特徴です。

電車やバスなどでの利用が中心の交通系電子マネー

交通系電子マネーとは、かざすだけで電車やバスに乗車できる交通系ICカードの電子マネー機能のことを指します。代表的なものに、JR東日本が発行するSuicaがあります。ほかにもJR北海道のKitacaやJR西日本のICOCA、福岡市交通局のはやかけんなど、いわゆるご当地交通系ICカードが全国的に展開されています。また、これらの電子マネー機能付き乗車カードのうち10種類については、相互に利用できる交通系ICカード全国相互利用サービスに加盟しており、それぞれのカードの利用範囲内に含まれる250以上の事業者による交通機関で利用が可能になっています。なお、ポストペイ型（P.044参照）のPiTaPaを除いて、電子マネーとしての相互利用も実施されているので、旅先での買い物にも利用できるメリットがあります。

買い物でのタッチ決済が中心の支払い系電子マネー

支払い系電子マネーは、買い物での利用を主とする、交通系以外の電子マネーを一括りにした分類で、さらに流通系とポストペイ型に分けることがあります。このうち流通系には、イオンリテールのWAONやセブン＆アイのnanaco、楽天の楽天Edyなど、プリペイド型のICカードが含まれます。小売業者が発行元であることから、グループ店舗でのポイント加算が特徴です。他方、ポストペイ型電子マネーには、NTTドコモのiDとJCBのQUICPay、QUICPay+があります。なお、iDとQUICPay+は、ポストペイ以外にリアルタイムペイやプリペイドにも対応しているため、分類は流動的です。

ご当地交通系ICカード
電車・バスの事業者が発行する、地域に根ざした交通系ICカード。多くの場合、その地域内のほかの会社線でも相互に利用できる。

交通系ICカード全国相互利用サービス
交通系ICカードで、乗車カード機能と電子マネー機能の相互利用を可能にするサービスのこと（利用可能区間など一部に細則あり）。

250以上の事業者による交通機関で利用が可能
ただしポストペイ型のPiTaPaは、事前にチャージを行わないと交通系ICカードの全国相互利用エリアでの利用ができない。

交通系ICカード全国相互利用サービスに加盟しているカード

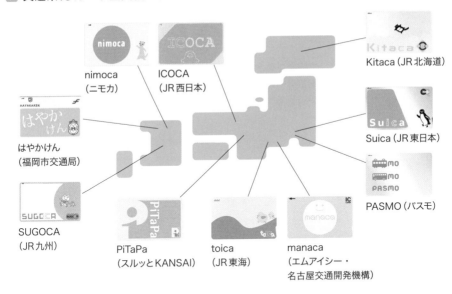

nimoca
（ニモカ）

ICOCA
（JR西日本）

Kitaca（JR北海道）

はやかけん
（福岡市交通局）

Suica（JR東日本）

SUGOCA
（JR九州）

PASMO（パスモ）

PiTaPa
（スルッとKANSAI）

toica
（JR東海）

manaca
（エムアイシー・
名古屋交通開発機構）

支払い系電子マネーの分類

流通系

楽天Edy
（楽天）

nanaco
（セブン・カードサービス）

WAON
（イオンリテール）

ポストペイ型

iD
（NTTドコモ）

QUICPay
（JCB）

QUICPay+
（JCB）

第4章 電子マネーのしくみとサービス

Chapter4
38

電子マネーのしくみ

タッチだけで決済可能な電子マネーは、レジでの支払いがすばやくできて便利ですが、支払いのしくみはどうなっているのでしょうか？　ここでは、電子マネーで決済する際のお金の流れを説明します。

電子マネーにおけるお金の流れを知る

　電子マネーとは一般的に、「電子的なデータのやり取りによる決済方法（支払い手段）」と認識されています。しかし、それ以上の定義は確立されていないのが現状です。プリペイド型のICカードに限定されることもあれば、ICチップを利用したタッチ決済全般を指すこともあります。ここでは、日本で一般的に利用されているプリペイド型の電子マネーを例に解説します。

　まず、利用者は電子マネーの発行事業者に対して、電子マネーの発行を請求します。利用者からの入金（チャージ）後、発行事業者は電子マネーを発行します。ICカードやスマートフォンなどで電子マネーを受け取った利用者は、小売店（加盟店）に対し、商品・サービスを購入した代金として電子マネーを支払います。最後に、電子マネーの発行事業者は、小売店からの請求により、電子マネーで決済した分の金額を支払います。右図を見るとわかりやすいと思いますが、小売店が実際に現金を受け取るのは、電子マネー発行事業者への請求後となり、その際に手数料が発生します。また、クレジットカードを使用するポストペイ型の電子マネーでは、まず利用者が小売業者から商品・サービスを購入するところからスタートし、最後の段階でクレジットカード会社とのやり取りが追加されます。

　余談ですが、プリペイド型の図の②〜③の流れは、小切手で買い物をするときの流れによく似ています。図の電子マネー発行事業者を銀行に置き換えれば、小切手の流れそのものです。かつて日本でも銀行が電子マネーを発行する実証実験が行われたことがありますが定着しませんでした。しかし結果的にはその後、日本では電子マネーが大きく普及したのです。

**電子マネー
発行事業者**
消費者に対して、電子マネー決済手段を提供している事業者のこと。たとえばnanacoならセブン・カードサービス、WAONであればイオンリテールになる。

小切手
用紙に金額や日付などを記入し、相手に渡して支払いをする方法。期限内に銀行で記入額の現金が受け取れる。

▶ プリペイド型電子マネーのお金の流れ

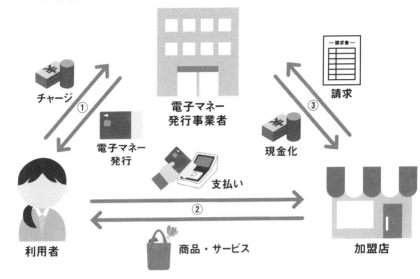

※実際には、クレジットカード会社や決済代行会社などが間に入ることがある

▶ ポストペイ型電子マネーのお金の流れ

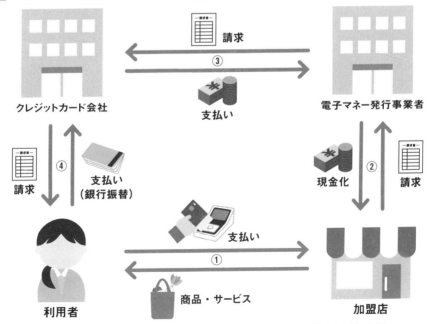

※多くのポストペイ型電子マネーはクレジットカード付帯、またはクレジットカード一体型。
　プリペイド型とは流れのスタートが異なることがわかる

Chapter4
39

電子マネーの導入

国によるキャッシュレス化の推進により、支払い方法の多様化が進んでいます。レジ業務の簡略化だけでなく、新たな利用者（顧客）の獲得も見込める電子マネー決済の導入の流れについて、解説します。

📍 導入の申し込み先はアクワイアラなど３つ

店舗が電子マネー決済を導入する際、窓口には３つの選択肢があります。まずは、特定の電子マネー１種類のみを導入したい場合です。たとえば、「カードの発行数が多い楽天Edyだけあればよい」といったケースでは、事業者に直接申し込みます。事業者によっては、アクワイアラを通して申し込みを受け付けていることもあるので、Webサイトで確認しましょう。次に、複数の電子マネーをまとめて導入したい場合です。この作業を自分でやるとなると、1件1件事業者に連絡して申請しなければなりません。このケースでは、アクワイアラに任せるのが一般的です。最後に、電子マネーといっしょにクレジットカードなどほかの決済手段も導入したい場合です。この場合は初めから決済代行会社と契約を結ぶことで、導入から運用までを一括して任せられます。

導入したい電子マネーが決まったら、事業者、アクワイアラ、決済代行会社のいずれかに連絡を取り、所定の方法で申し込みをします。提出した申し込み書類などをもとに、審査が行われます。無事審査を通過すると、加盟店契約を締結し、決済端末などの機器の導入を行います。端末の設定や動作確認後、電子マネー決済を開始します。タイミングにもよりますが、申し込みから導入まで、およそ1～2ヶ月程度見ておくとよいでしょう。

電子マネー決済の導入にあたっては、決済端末の設置・設定などの初期費用がかかります。また、決済手数料も発生するので、事前に割合の確認が必要です。なお、2020年1月現在、経産省が行っているキャッシュレス・消費者還元事業の一環でキャッシュレス決済端末の導入費用が実質無料になるキャンペーンが実施されており、導入する企業が増えています。

アクワイアラ
加盟店契約会社のこと。加盟店の開拓、審査、管理を行う。

決済代行会社
加盟店と電子マネー発行事業者の間に入って決済を代行する会社のこと。

▶ 電子マネー決済にかかる費用・準備

初期費用

決済手数料

インターネット回線

端末購入／リース費用
など、電子マネー決済
を始めるにあたって発
生する費用

割合は事業者によって
異なるが、売り上げの
3％前後の決済手数料
が発生する

電子マネー決済はイン
ターネットを通じて通
信を行うため、設置が
必要になることがある

▶ 電子マネー決済導入の流れ

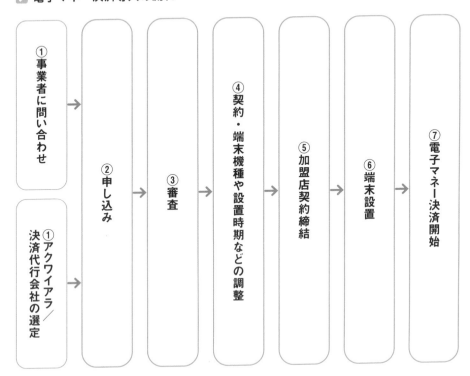

① 事業者に問い合わせ

① アクワイアラ／決済代行会社の選定

② 申し込み

③ 審査

④ 契約・端末機種や設置時期などの調整

⑤ 加盟店契約締結

⑥ 端末設置

⑦ 電子マネー決済開始

Chapter4
40

代表的な企業&サービス①
Suica／PASMO

全国各地で発行されている交通系ICカードは、通勤や通学、日々の買い物まで利用の幅を拡大し、電子マネーとして生活を支える社会インフラを担うまでに成長しました。

📍 交通系ランキング ワン・ツーのSuicaとPASMO

パスモ
株式会社パスモ。27の鉄道事業者および33のバス事業者が加盟するPASMO協議会から、PASMOの運営やシステム開発などを付託されている。

オートチャージ
一定の残額を下回ると、自動的にチャージする機能およびサービス。あらかじめクレジットカードの登録が必要。

乗車ポイント
交通系ICカードで乗車のたびに一定の割合で付くポイントのこと。交通機関や事業者によって、ポイントの割合やシステムが異なる。

鉄道事業者の
ポイントサービス
東京メトロなら「メトポ」、東急電鉄なら「乗ってタッチTOKYU POINT」のように、各鉄道事業者ごとにポイントサービスが独自に展開されている（要登録）。

　交通系ICカードの先駆けであるSuicaは、交通機関はもちろん、駅ナカや街中のお店でもタッチひとつで決済できる電子マネーです。発行枚数では楽天Edyに及ばないものの、交通系電子マネーではダントツの地位を築いています。利用者数の増加には、交通系ICカード全国相互利用サービスやApple Pay、Google Payへの対応で、発行元のJR東日本のエリアを超えて、全国で利用できるようになったことも大きく影響したといえるでしょう。

　交通系電子マネーの発行枚数ランキング2位につける、首都圏を中心とした交通機関を網羅するPASMO（発行・パスモ）も、Suicaと同様に交通系ICカード全国相互利用サービスに参加しているため、相互利用可能な全国の交通機関や加盟店で利用できます。チャージ方法は、いずれの場合も駅の券売機や乗り越し精算機、コンビニ、セブン銀行ATM、オートチャージなどが利用できます。Suicaの場合、これに加えてスマートフォンの専用アプリ（モバイルSuica）やApple Pay、Google Payでのチャージも可能です。ただしオートチャージについては、首都圏のSuica、PASMO利用可能エリア、仙台、新潟の利用可能区間内の駅の改札機でタッチした場合に限られます。新幹線の自動改札やバスなどは対象外なので注意が必要です。

　それぞれのポイントについてはどうでしょう。まずSuicaの場合は、JR東日本グループの共通ポイントサービス「JRE POINT」が適用されます。一方、PASMOの乗車ポイントは、各鉄道事業者ごとに展開するポイントサービスが異なります。また、買い物での支払いについては、キャッシュレスポイント還元が適用されます。

▶ Suica／PASMOの主な特徴

Suicaの発行枚数は交通系ICカードでトップの8,302万枚（2019年3月時点、JR東日本発表。ICカードとモバイルSuicaの合計）。一方のPASMOは発行枚数は3,628万枚（2018年9月時点、PASMO協議会発表）で、第2位の位置についている

Suica
https://www.jreast.co.jp/suica/

PASMO
https://www.pasmo.co.jp/

▶ Suica／PASMOを利用するメリット

電車やバスだけでなく、買い物や飲食でも使える

駅以外でもチャージ可能

モバイルSuicaはスマートフォンで
チャージができる

乗車ポイントが付く

代表的な企業＆サービス②
WAON

小売業者が発行する代表的な流通系電子マネーのひとつWAONは、イオングループのスーパーやショッピングモールの利用によってポイントが貯まることから、女性の利用率の高さが特徴です。

イオンで買い物するなら必携

　イオンリテールが発行する電子マネー・WAONは、イオングループの対象店舗を含め、全国のショッピングセンター、コンビニ、ドラッグストア、家電量販店など、およそ51万ヵ所で使うことができます。また、WAONが利用できる範囲には、一部地域のバスも含まれます。非交通系ICカードとしては珍しい例でしょう。

　WAONには、一般的なICカードタイプのWAONカードのほかに、いくつかの種類が存在します。イオンバンクカードなどのキャッシュカード一体型や、クレジットカード一体型、そしておサイフケータイ機能を持つAndroidスマートフォンで利用できるモバイルWAONなどがあります。チャージ方法は、イオングループの店舗での店頭チャージやイオン銀行のATMでのチャージ、インターネットやスマートフォンを使ったクレジットカードからのチャージに対応しています。なお、入金限度額は2万円または5万円で、WAONの種類や設定によって異なります。

　ポイントサービスも充実しており、支払いにWAONを利用すると、税込200円につき1ポイントが貯まります。また、WAON会員に登録したユーザーの場合、イオングループ内の対象店舗でポイントが2倍（200円ごとに2ポイント）になるサービスを始め、対象商品の購入でボーナスポイントが付与されたり、毎月10日の「ありが10デー」にはポイントが5倍になったりといったポイント加算のチャンスがあります。さらに、提携企業のポイントをWAONポイントに交換できるため、JALのマイレージや公共系サービスのポイント、クレジットカードで貯まったポイントなどをWAONの電子マネーとして使うことができます。

一部地域のバス
北海道を走る十勝バスやくしろバス、阿寒バスの一部路線、および京都府を走る京都らくなんエクスプレス R'EX、京大病院循環路線バスhoopでWAONの利用ができる。

一体型
クレジットカードやキャッシュカードにWAONの機能を統合したもの。

入金限度額
電子マネーにチャージ可能な上限額のこと。一回に入金できる額が別に定められていることもある。

クレジットカードで貯まったポイント
イオンカードのときめきポイント、JCBのOki Dokiポイント、Oricoカードのオリコポイントなど、8つのポイントがWAONポイントに交換できる。

▶ WAONの主な特徴

WAON
https://www.waon.net/

イオンリテールによると、WAONの発行枚数は7,509万枚。また、各都道府県ごとに絵柄が異なるご当地WAONカードは147種類発行されており、このカードの利用金額0.1%が該当自治体へ寄付されている（発行枚数およびご当地WAONの種類数は2019年2月時点のもの）

▶ WAONを利用するメリット

さまざまな形態のカードがある

キャッシュカード一体型

クレジットカード一体型

モバイルWAON

ポイントサービスの充実

貯めたポイントはスマートフォンやイオン銀行ATM、イオン店内に設置されているWAONステーションなどで電子マネーに交換できる

クレジットやマイレージのポイントを電子マネーとして使える

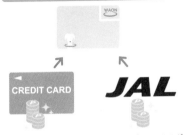

クレジットカードのポイントは一度WAONポイントに交換して利用可能。JALのマイレージの場合はそのままWAONの電子マネーに交換できる

代表的な企業＆サービス③
nanaco

nanacoは、セブン-イレブンやイトーヨーカドーを擁するセブン＆アイホールディングスのグループ会社であるセブン・カードサービスが発行する電子マネーです。

全国54万以上の店舗で利用可能な電子マネー

　セブン-イレブンやイトーヨーカドーなどセブン＆アイグループの店舗を中心に展開するnanacoは、前節のWAONと並んで利用率が高い流通系電子マネーのひとつです。少額の買い物による電子マネーの利用が比較的多いコンビニに焦点を当ててみると、ローソンやファミリーマートで利用できるWAONに対して、nanacoで利用できる大手コンビニはセブン-イレブンに限られます。その一方で、「ニールセンショッパートレンド調査（2019年版）」によると、利用者によるブランド評価でセブン-イレブンはファミリーマートやローソンを大きく引き離すことが明らかになっています。また、国内のコンビニの中で店舗数がもっとも多いことから、セブン-イレブンをよく利用する人にとって、選ぶべき電子マネーはnanaco一択といえるでしょう。

　nanacoの種類としては、非接触型ICカードのnanacoカード、おサイフケータイ機能を持つAndroidスマートフォンでタッチ決済が可能なnanacoモバイル、nanaco一体型のクレジットカード「セブンカード・プラス」の3種類が基本となります。ポイントは、200円ごとに1ポイントが付与されるほか、店舗によって、ボーナスポイントやハッピーデーの割引などが受けられます。なお、nanacoの利用時にその場で貯まるポイントと、翌月まとめて加算されるポイントがある点に留意しましょう。貯まったポイントは1ポイント1円として電子マネーに交換できるほか、ANAマイルやANA SKYコインへの交換が可能です。ANAマイルは500ポイントにつき250マイル、ANA SKY コインは500ポイントにつき500コインに交換できるので、ANAのマイレージプログラム利用者には嬉しいポイントです。

ブランド評価
ニールセンによるショッパートレンド調査では、「セブン-イレブンは、取り扱う食品の質、価格に見合う品質などショッパーが重視する重要項目において、ほかのチェーンを寄せ付けない強さを持っている」とまとめた。

店舗数
ファミリーマートが16,532店舗（2019年11月時点）、ローソンが14,659店舗（2019年2月時点）なのに対し、セブン-イレブンは21,002店舗（2019年11月時点）。

セブンカード・プラス
nanaco一体型のクレジットカードはオートチャージに対応。nanaco紐付型のクレジットカードもあり、こちらはモバイルnanaco利用者やすでに作成済のnanacoカードを使い続けたい人向け。どちらもクレジットカード払いでもnanacoポイントが貯まる。

▶ nanacoの主な特徴

nanaco
https://www.nanaco-net.jp/

セブン・フィナンシャルサービスによると、nanacoの発行枚数は6,518万枚。さらに決算件数は国内最大級の22億5,160万件（2019年2月時点）。近年はセブン＆アイグループの店舗以外での利用も増えている

▶ nanacoを利用するメリット

さまざまな形態のカードがある

ICカード

クレジットカード一体型

モバイルnanaco

セブン-イレブンで利用できる

セブン-イレブンは全国で2万1,000店舗以上と、コンビニの中でもっとも数が多い

ポイントが貯まりやすい

8の付く日にイトーヨーカドーで支払うとポイントが5倍になるなど、貯まりやすくなっている

代表的な企業＆サービス④
楽天Edy

2001年に発行を開始した非接触型決済を行う電子マネー「楽天Edy」は、日本で最初期に登場した老舗の電子マネーです。発行枚数では2位のSuicaを引き離して、不動の地位を築いています。

楽天スーパーポイントを効率よく運用する

楽天市場
国内最大級のオンラインショッピングモール。インターネットを通じて買い物ができる。

　楽天Edyは、オンラインショッピングモール「楽天市場」を展開する楽天グループの楽天Edy株式会社が運営する電子マネーです。発行枚数は1億2,200万枚とダントツです。既出のWAON、nanacoが実店舗を展開する小売業者による流通系電子マネーであるのに対して、楽天自体は実店舗を持たないインターネットサービス事業者である点が特徴的です。

　では、自社店舗がない分、加盟店数やポイントサービスがほかの事業者に劣るかというと、そんなことはありません。68万ヵ所を超える加盟店は、WAONやnanacoが使える店舗の多くをカバーします。また、楽天市場などでおなじみの楽天スーパーポイントが楽天Edyと連携しているため、楽天のサービスを常用している人は、オンラインでもオフラインでもポイントを貯められるメリットがあります。さらに、ポイント機能付きのクレジットカードでチャージした場合、決済で得られるポイントのほかに、チャージしたクレジットカードにもポイントが付与されるため、二重にポイントが入ります。もちろん、貯まったポイントは楽天Edyにチャージして電子マネーとして使うことも可能です。

おサイフケータイ
FeliCaを搭載したAndroidスマートフォンで、電子マネーによるタッチ決済やポイントサービスの一元化などが行えるウォレット機能。NTTドコモの登録商標。

　チャージ方法は、現金、クレジットカード、スマホアプリの3つから選べます。おサイフケータイで楽天Edyを利用する場合は、現金（対応店舗のレジや専用チャージ機）、クレジットカード、ポイントのほか、銀行口座からのチャージも可能です。なお、おサイフケータイに非対応のiPhoneでは、専用アプリを通じて残高や利用履歴の確認ができるほか、連携して利用する専用のiPhoneケースやスマートウォッチといったおサイフケータイ対応機器を使うことで楽天Edyのサービスが利用できます。

▶ 楽天Edyの主な特徴

楽天Edy
https://edy.rakuten.co.jp/

楽天によると、楽天Edyの発行枚数は1億2,200万枚（2019年9月時点）とほかの電子マネーを圧倒している。公式サイトでは、エントリーするだけで楽天スーパーポイントの獲得率がアップするキャンペーンを頻繁に開催している

▶ 楽天Edyを利用するメリット

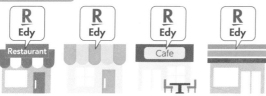

コンビニやスーパー、ドラッグストアなど全国約68万ヵ所の加盟店で使える

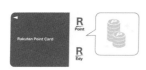

200円の支払いで1ポイント、楽天ポイントカード加盟店なら2ポイントが付与。貯まったポイントは、専用サイトで1ポイント1円としてEdyにチャージできる

おサイフケータイに対応したAndroidスマートフォンでは、楽天Edyアプリをインストールすることで利用できる

Chapter4
44

代表的な企業＆サービス⑤
QUICPay／QUICPay+

ここまでは、事前にチャージするプリペイドタイプの電子マネーを取り上げてきましたが、ここではクレジットカードと紐付けて使用するチャージ不要の電子マネー「QUICPay」について解説します。

スマホ対応で存在感が増したQUICPay

クレジットカードブランドのJCBが運営するQUICPayは、基本的にクレジットカードに紐付けて使用するポストペイ（後払い）タイプの電子マネーです。「基本的に」と断りを入れたのは、QUICPayには「QUICPay」と機能を拡張した「QUICPay+」の2種類が存在するためです。両者の違いは、QUICPayの支払い手段がクレジットカードに限定されるのに対して、QUICPay+は、クレジットカードのほかにプリペイドカードやデビットカードにも対応している点です。つまり、QUICPay+は、紐付けるカードによって、ポストペイだけでなくプリペイド（前払い）にもリアルタイムペイ（即時払い）にもなり得るということです。なお、QUICPay＋は現時点でApple Payやおサイフケータイに特化したスマートフォン専用機能であり、従来のカード型やコイン型、キーホルダー型などのQUICPayには対応していません。また、プリペイドやリアルタイムペイで支払う場合は、店頭にQUICPay+のマークがあることを確認しましょう。

QUICPayの強みは、何といっても対応クレジットカードの多さと、設置台数92万台という利用可能店舗の多さにあります。このため、American Expressのように国内での対応店舗数が限られているクレジットカードでも、QUICPayに紐付けることで、気軽に利用できるようになるメリットがあります。QUICPay独自のポイントサービスなどはありませんが、クレジットカードのポイントは貯まります。なお、ポイントの割合は紐付けたクレジットカードの規定によります。ポイント還元を始め、キャッシュレス決済の導入促進を図るためのキャンペーンも多く展開されています。

QUICPay+
QUICPayの支払い上限額が2万円であるのに対し、QUICPay+は2万円以上の支払いもできる（上限額はカード会社および利用店舗により異なる）。なお、クレジットカードでQUICPay+を利用する場合は、すべてのQUICPay対応店での利用ができる。

リアルタイムペイ
デビットカードによる支払い方法のこと。国内では、みずほ銀行のSmart Debit、JCBデビットなどがApple Payに対応している。

対応クレジットカード
2019年6月末時点で、170を超えるカード発行会社に対応している。

▶ QUICPay/QUICPay+ の主な特徴

2005年4月よりサービスを開始した、ポストペイタイプの電子マネー、QUICPay。QUICPay+はプリペイドやリアルタイムペイといった支払い方式にも対応している

QUICPay
https://www.quicpay.jp/

▶ 対応しているカード

QUICPay/QUICPay+は、170以上のクレジット・デビット・プリペイドカード会社に対応している

▶ QUICPay /QUICPay+ を利用するメリット

クレカとの紐付けでチャージが不要

①支払い → ②クレカ支払いと合算

紐付けたクレジットカードの月々の支払いと合算して精算されるので、事前にチャージする必要がないという利便性がある

クレジットカードのポイントが貯まる

QUICPay独自のポイントシステムはないが、紐付けたクレジットカードのポイントがクレジットカード支払いと同様に付与される(デビットカードやプリペイドカードも同様)

Chapter4

45

代表的な企業＆サービス⑥
iD

dポイントやドコモユーザーのファーストチョイスとなる電子マネーが「iD」です。クレジットカード、デビットカード、プリペイドカードの3つの支払い手段に対応する、ユニークな電子マネーについて解説します。

3つの支払い方法に対応する電子マネー

iDは、NTTドコモが運営する電子マネーです。クレジットやプリペイド、デビットカード一体型のICカードタイプや、Apple Pay、Google Pay、おサイフケータイで利用するモバイルタイプがあります。

もともとJCB、イオンクレジットサービス（現・イオンフィナンシャルサービス）と共同でQUICPayの開発に当たっていたNTTドコモが独立する形で、QUICPayに遅れること数ヶ月、2005年12月にiDのサービスを開始しています。iDとQUICPayは技術的には親戚どうしでありながら、別々の道を歩み始めたのです。2つのブランドが袂を分かつストーリーかと思いきや、翌2006年には、Suica、iD、QUICPay、Edy（現・楽天Edy）が共通の決済端末の運用を開始することを発表しました。この動きは、消費者と加盟店双方にとってメリットとなり、結果的に電子マネーの普及に貢献しました。

そういった事情から、同じルーツを持つiDとQUICPayの決済機能にほぼ違いはありません。そうなると、利用可能店舗やポイントなどのサービスが選択の基準になるでしょう。また、紐付けたい対応クレジットカードが三井住友カードならiDのみ、JCBならQUICPayというように、どちらか一方しか使えないこともあるので、事前に調べておくとよいでしょう。ポイントサービスについても、基本的にQUICPayと同様、紐付けたクレジットカードのポイントサービスに依存します。しかし、dポイントを集めているなら、iDでの支払いで1%のポイントが付与されるdカードがお得といえそうです。貯まったdポイントは、電子マネーはもちろん、ドコモの携帯電話料金の支払いにも充当できます。

Edy
楽天Edyの前身。ソニーやNTTドコモなど11社の出資で設立されたビットワレットによって運営されていた。

対応クレジットカード
2019年12月時点で、70以上のカード発行会社に対応している。

dカード
NTTドコモが発行するクレジットカード。

▶ iDの主な特徴

iD
https://id-credit.com/

2019年9月時点で、コンビニやスーパー、ドラッグストアなど100.8万ヵ所で利用できる。支払い方式はポストペイを中心に、リアルタイムペイ、プリペイドの3通り

▶ 対応しているカード

クレジットカード

SMBC 三井住友カード株式会社

Life CARD　　d CARD

Persona

AEON Financial　　JFR CARD　など

デビットカード

SMBCデビット　　GLOBAL PASS

プリペイドカード

d CARD PREPAID　　Ticket Restaurant Edenred

m Pay　　ソフトバンクカード

iDは70以上のクレジット・デビット・プリペイドカード会社に対応している

▶ iDを利用するメリット

QUICPayとの使い分けが可能

●iDが使え、QUICPayが使えない店舗も多い

決済端末の設置数は同じポストペイ型電子マネーのQUICPayが92万ヵ所以上なのに対し、iDは100.8万ヵ所以上。iDは使えるがQUICPayは使えない店舗がある

クレジットカードのポイントが貯まる

QUICPay同様、iDも紐付けたクレジットカードのポイントがクレジットカード支払いと同様に付与される（デビットカードやプリペイドカードも同様）

代表的な企業＆サービス⑦
Apple Pay ／ Google Pay

スマートフォンに搭載されたウォレットおよびタッチ決済機能である
Apple Pay と Google Pay。知っているようでよく知らない両者の機能や
対応サービスを比較しながら整理していきましょう。

📍 キャッシュレス決済の鍵を握るスマートフォン

Apple Pay と Google Pay は、しばしば電子マネーと混同されがちですが、それぞれiPhone（およびApple製デバイス）とAndroidスマートフォンに搭載された、ウォレット機能および決済サービスの名称です。Apple Pay や Google Pay に手持ちのクレジットカードやICカードを登録すると、対応するオンライン決済や、店頭でのタッチ決済が可能になります。QRコード決済と比較したとき、決済のスマートさではスマートフォンのロック解除やアプリの起動が不要な Apple Pay ／ Google Pay のほうに軍配が上がるでしょう。

セキュリティについては、Apple Pay では決済時に必ず生体認証が必要です。これにより、万一iPhoneが紛失・盗難に遭っても、第三者が Apple Pay で決済する可能性が低くなります。ただし、利便性を高めるためSuicaのみエクスプレスカードに設定することで、生体認証不要で利用できます。Google Pay では、生体認証なしでタッチ決済ができるため、セキュリティ面での不安は残ります。また、Apple Pay と Google Pay ともに、登録したクレジットカード番号はデバイスアカウント番号に書き換えられるため、決済時にカード番号を店側に知られることなく使えます。

Apple Pay と Google Pay の違いは、利用可能な電子マネーの種類です。Suica、QUICPay、iDは共通ですが、Google Pay が対応する楽天Edyやnanaco、WAONといった流通系電子マネーやポイントサービスに、Apple Pay は未対応です。そして最大の違いは、VISAブランドが Apple Pay に非対応である点です。登録したVISAカードを使ってQUICPayやiDで決済することはできますが、オンライン決済やSuicaのチャージには使えません。

オンライン決済
Webサイトやスマートフォンアプリ内での決済。Webサイトやアプリごとにクレジットカードを登録しなくても支払いができる。

生体認証
スマートフォンに搭載されている指紋認証や顔認証機能のこと。

エクスプレスカード
設定すると生体認証なしで決済できるiPhoneの機能。日本では交通系電子マネーのSuicaのみ設定が可能。

デバイスアカウント番号
各デバイスに割り当てられた固有のバーチャルアカウント番号のこと。決済のときにクレジット番号の代わりの番号として用いられる。

▶ Apple Pay の主な特徴

Apple Pay
https://www.apple.com/jp/apple-pay/

セキュリティが安心

タッチ決済やオンライン決済は、生体認証を
しないと使えない

3種の電子マネーが使える

SuicaやQUICPay、iDのタッチ決済が使える

一部の決済でVISAが使えない

オンライン決済や
Suicaのチャージ
などで、VISAブラ
ンドのクレジット
カードが使えない

▶ Google Pay の主な特徴

Google Pay
https://pay.google.com/intl/ja_jp/about/

6種の電子マネーが使える

Apple Payでは使えない楽天Edyやnanaco、
WAONのタッチ決済も使える

ポイントカードの管理ができる

電子マネーやクレジットカード以外に、ポイン
トカードの登録もでき、管理が可能

認証なしに電子マネーが使える

iPhoneのような
生体認証なしで
タッチ決済ができ
る。便利な反面、紛
失や盗難した場合
に、第三者に使わ
れるリスクがある

Chapter4
47

電子マネーを使う
メリット・デメリット

電子マネーは、ICカードやスマートフォンでスムーズな支払いができて、よいことずくめのようですが、本当のところはどうなのでしょうか。現金での支払いと比較して、電子マネーのメリット・デメリットを挙げていきます。

スピーディーな支払いが最大のメリット

　毎日のちょっとした買い物やバス、電車の乗車時に、ICカードやスマートフォンをかざすだけで支払いが完了する電子マネーは、利用者にとって、すでに生活の一部になっています。では、現金払いと比べてどのようなメリットがあるのでしょうか。まず、スピーディーな支払いが可能な点が挙げられます。決済端末にタッチする（かざす）だけで支払いが完了します。QRコード決済時に必要な、コードの読み取りも不要です。次に、期間限定ではありますが、キャッシュレスポイント還元の対象になる点も、現金にはないアドバンテージといえます。さらに、電子マネーのポイントと、紐付けたクレジットカードのポイントがダブルで獲得できる場合があるというメリットもあります。プリペイドタイプの電子マネーであれば、クレジットカードを持っていない人や、クレジットカードを使うことに抵抗がある人も、計画的に利用することができます。

　そんな電子マネーですが、デメリットもあります。事前にチャージが必要なこと、使用する電子マネーの加盟店でしか使えないことが挙げられます。たとえばWAONの場合、ファミリーマートやローソンでは使えますがセブン-イレブンでは使えません。そして、カードやスマートフォンを紛失した場合に、不正利用される可能性もあります。

　チャージが面倒な場合はオートチャージやポストペイの利用を検討する、イオン系もセブン＆アイ系の店も利用できる楽天EdyやiD、QUICPayを利用する、紛失などによる再発行時に届出時点の残額保証付きの電子マネーを選ぶというのも、デメリットを解決するひとつの方法です。

残額保証
再発行時に、紛失したカードの残額（カード停止完了時点）を保証すること。Suica、nanaco、WAONは対応。

▶ 電子マネーのメリット

支払いがスムーズ

現金支払いでの小銭の用意や、クレジットカード払いでのPINコードの入力、QRコード払いでのスマートフォンの起動やアプリの立ち上げなどが不要

ポイントが貯まる

キャッシュレスポイント還元の対象。また、チャージ元をクレジットカードにした場合、ポイントの二重取りができる場合もある

計画的な利用

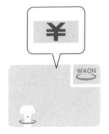

前払い式のプリペイドタイプの電子マネーなら、後払い式のクレジットカードでは支払い計画に不安な人も安心して利用できる

▶ 電子マネーのデメリット

使える店と使えない店がある

WAONやnanacoといった流通系電子マネーの場合、使えないコンビニがある

チャージが面倒

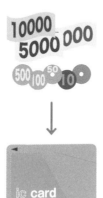

プリペイドタイプの電子マネーは、事前にチャージをしないと利用できない

紛失による不正利用

カードやスマートフォンを紛失した場合、勝手に使われてしまう可能性がある

Chapter4
48

電子マネーのセキュリティ

現金を手元に置くリスクからの解放という点は、キャッシュレス化のメリットのひとつですが、100％安全ということはありません。電子マネーにはどんなリスクがあるのかを知ることが、最善の防衛策です。

📍 かざすだけの決済でもセキュリティ性は高い

　電子マネーのようなかざすだけの決済は、利便性が高い一方で、気になるのは安全性です。電子マネーは、決済時にICカードまたはスマートフォンを決済端末にかざすことで、近距離無線通信を用いて端末間で通信を行います。悪意のある人がリーダーを近付けて、カードの情報を読み取ることを心配する声もあります。それを防ぐために、店舗の端末やリーダーには支払い時に暗号化した上で通信するなど、高度な認証機能が実装されています。むしろ、クレジットカードのようにレジでカードを手渡すことがない分、カード情報が洩れるリスクは低いといえます。またApple PayやGoogle Payでは、登録したクレジットカードの実際の番号とは別に、固有のデバイスアカウント番号が割り当てられます。これは、**トークナイゼーション**という技術を用いてクレジットカード番号のやり取りをせずに決済を行う仕様で、**スキミング**によるカード番号の流出や不正利用を防ぎます。

　もうひとつのリスクは、カードやスマートフォンの紛失や盗難です。タッチ決済の場合、サインやPINコードによる本人確認が必要ありません。そこが電子マネーのメリットでもありますが、カードやデバイスが第三者の手に渡ったとき、誰でも支払えてしまうというデメリットにもなります。決済額により、高額の利用ではより厳密に本人確認を行い、少額では簡易な方法のみで簡便に、というようにルールを変えることもあるかもしれません。

　まずできることは、万一紛失や盗難などがあった場合、カードであれば速やかに発行元に届け出ること。スマートフォンであれば、遠隔操作でロックをかけたり紛失モードにするなどの対策を施すことです。普段からロックをかけておくことも重要です。

トークナイゼーション
カード番号などの機密情報を、トークンと呼ばれるランダムに生成されたダミーデータに置き換えて利用する技術のこと。

スキミング
クレジットカードなどの情報を不正に読み取ること。スキマーなどの装置を用いて行われる。

▶ 電子マネーセキュリティ対策

情報の暗号化

暗号化

電子マネーのICチップ情報は暗号化した上で通信を行っており、スキミングのリスクがあるクレジットカードなどに比べてセキュリティが極めて高い

本人確認が課題

顔認証や指紋認証など、本人確認のシステム整備が急務

▶ トークナイゼーションを利用するときのしくみ

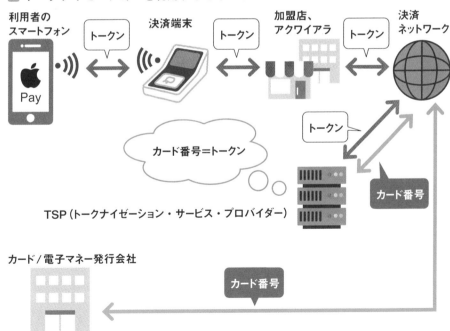

利用者の
スマートフォン

トークン

決済端末

トークン

加盟店、
アクワイアラ

トークン

決済
ネットワーク

トークン

カード番号=トークン

TSP（トークナイゼーション・サービス・プロバイダー）

カード番号

カード/電子マネー発行会社

カード番号

Apple PayによるSuica、QUICPay、iDでの決済には、トークナイゼーションが採用されている

参照：「モバイル決済とトークン技術 - IBM」
URL　https://www.ibm.com/downloads/cas/2ABO3BZQ

電子マネーの概念が変わる？
電子マネーの将来

未来のおサイフの決済手段

　QRコード決済が大ブレイクした2019年、タッチ決済である電子マネーの伸び率はやや停滞気味といわれています。それは逆の見方をすると、利用者の間ですでに電子マネーが定着してきたと考えることもできます。今後、キャッシュレス化が進む日本で、電子マネーはどのようなポジションを取るのでしょうか。

　キャッシュレス決済に関する意識調査を見ると、電子マネーを利用する理由の1位は、レジでの支払いのスムーズさとなっています。このことから、アプリの起動やコードの読み取りなどひと手間かかるQRコード決済と比較して、タッチ決済の優位性が見て取れます。また、日本で電子マネー、ひいてはキャッシュレス化が伸び悩む理由のひとつとして日本人の現金主義が挙げられますが、今の若年層は以前に比べキャッシュレス決済やスマートフォンの利用には抵抗がなく、日本でも今後はキャッシュレス決済の普及が進み、スマートフォンで支払う人が増えていく可能性もあるでしょう。

　キャッシュレス先進国の中国やスウェーデンで普及しているアリペイやSwishは、どちらも銀行口座と直結しているスマートフォンアプリです。日本のスマートフォン普及率は高く、今後スマートフォンはキャッシュレス化を推し進める鍵となるでしょう。将来的に電子マネーはプラスティックカード（物理カード）ではなく、未来の生活インフラになるであろうスマートフォンのウォレットアプリへと統合されていくかもしれません。そのとき、銀行口座と直結することで、現金主義層も取り込める可能性があります。その場合、銀行アカウントと紐付けることで、認証機能を持たせることも想定できます。

第 5 章

QRコード決済の
しくみとサービス

未だ日本では発展途上のQRコード決済は、さまざま
なサービスが乱立し、店舗ごとに使用の可・不可があ
るなど、完全に整備されているとはいいがたい状況で
す。今後の将来像も踏まえて、QRコード決済サービ
スについて見ていきましょう。

QRコード決済の種類

注目を集めたPayPayやLINE Payに続く形で、さまざまなQRコード決済システムが登場しました。現状では数えるのが難しいほど種類がありますが、大きく2つの種類に分類することができます。

導入コストがかからない店舗提示型

スマートフォンとQRコードを使って決済を行うのが、QRコード決済です。あらかじめ紐付けしたクレジットカードや、事前にチャージした金額を使って支払いを行うことができます。QRコード決済を店舗で利用して支払う方法は、大きく分けると、店舗提示型（ユーザースキャン）と顧客提示型（ストアスキャン）の2種類があります。まず店舗提示型は、利用者が店舗に掲示してあるQRコードをスマートフォンのQRコードリーダーで読み取る方法です。ほとんどの場合、利用者がアプリ上で決済金額を入力して支払います。この方法の場合、店舗側は店頭にQRコードを提示しておくだけでよいので、端末の導入や回線工事といった導入コストをかける必要がありません。

導入コストはかかるが在庫管理しやすい顧客提示型

それに対して顧客提示型は、利用者のスマートフォン上にQR・バーコードを表示し、そのQRコードを店舗側がPOSなどのQR・バーコードリーダーで読み取ることによって、支払いが完了するしくみです。これを利用する場合、POSに対応するためのシステムや改修費用などの導入コストがかかります。ただし、そのコストをかけた分だけのメリットは得られます。それはPOSレジを導入していれば、POSシステムと連動でき、在庫管理がかんたんになることです。そのため、大手コンビニチェーン店などでは、この方法がよく使われています。店舗提示型と顧客提示型は、PayPay、LINE Pay、Origami Payなど多くのサービスが両方の決済方法に対応しています。

POS

日本語では「販売時点情報管理」で、物品販売の売り上げ実績を、単品単位で集計すること。商品名や価格などの販売実績情報を収集できて、「いつ、どの商品が、どんな価格で、いくつ売れたか」を経営者側が把握しやすくなる。また、購買商品や購入者の年齢層、性別、当日の天気などのデータを収集できる。

POSレジ

購入者と金銭のやり取りをした時点での販売情報を管理するシステムを搭載したレジのこと。

POSシステムと連動

店舗提示型でも、POSレジやタブレットの画面に決済金額情報を含めたQRコードを表示する場合は、POSシステムと連動するものもある。連動しないものは、単にQRコードをレジに掲示している場合や、利用者がアプリ上で決済金額を入力して支払う方式の場合。

▶ 店舗提示型のQRコード決済

利用者側

店舗側

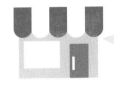

利用者は、店舗に掲示してあるQRコードをスマートフォンで読み取り、アプリ上で決済金額を入力して支払う

店舗側はQRコードを掲示するだけなので、導入コストがかからない

▶ 顧客提示型のQRコード決済

利用者側

店舗側

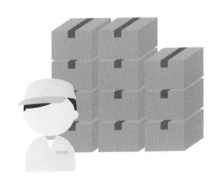

利用者はスマートフォン上にQR・バーコードを表示し、それを店舗側がQR・バーコードリーダーで読み取る

店舗側は導入コストがかかるが、POSレジと連動できるため在庫管理がかんたんになる

Chapter5
50

QRコード決済のしくみ

2種類の支払い方法が用意され、導入しやすいQRコード決済システムですが、決済されたお金は、どのようなしくみで利用者に請求され、店舗側に入金されるのでしょうか？　そのしくみを確認してみましょう。

QRコード決済の請求方法は2種類ある

QRコード決済のシステムでは、QRコードを読み取ったあと、2種類の方法で利用者に利用金額が請求されます。それが、①アプリのチャージ分を決済に利用する方法と、②カードと紐付けて決済を行う方法です。①を利用する場合、利用者は銀行口座や店頭のレジなどから、決済アプリにお金をチャージしておきます。そのチャージ分の範囲で支払いが可能になるため、残額が不足していれば支払えません。もうひとつの②を利用する場合は、決済アプリにクレジットカードなどのカード情報をあらかじめ登録しておきます。そうすれば、決済の代金はそのカードに請求されます。このときクレジットカードを設定していれば「後払い」に、銀行口座を設定していれば預金残高から即時に引き落とされる「即時払い（デビットカードと同じ）」になります。

店舗側が売り上げ金を受け取るまでのしくみ

そのようにして支払われた金額は、売り上げ金として店舗側にどのようなしくみで入金されるのでしょうか？　決済が行われると、利用者が支払った金額は、まずQRコード決済事業者に入ります。その金額から決済手数料を引いた金額を、QRコード決済事業者は売り上げ金として店舗側に入金します。つまり、「店舗が受け取る売り上げ金＝利用者が支払った金額－決済手数料」ということになります。なお、入金サイトや決済手数料は、QRコード決済事業者ごとに異なります。

チャージ
QRコード決済サービスや電子マネー、プリペイドカードなどへ入金すること。

入金サイト
取引代金の締日から、実際に取引先から入金があるまでの期間のこと。

120

▶ QRコード決済の2種類の請求方法

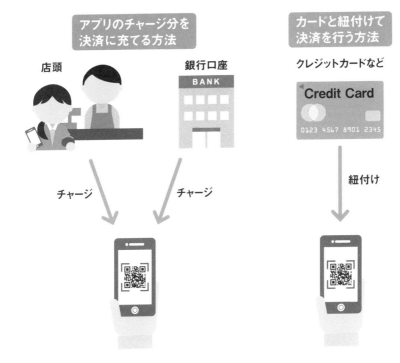

アプリのチャージ分を決済に充てる方法

店頭　　　　　　　　　銀行口座
BANK

チャージ　　　　　チャージ

カードと紐付けて決済を行う方法

クレジットカードなど

Credit Card
0123 4567 8901 2345

紐付け

▶ QRコード決済事業者を通して売り上げ金が店舗に入る

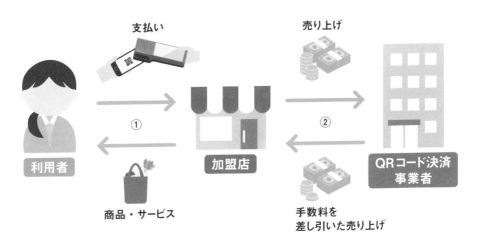

支払い　　　　　　　　売り上げ

①　　　　　　　　　②

利用者　　　　加盟店　　　QRコード決済事業者

商品・サービス　　　手数料を差し引いた売り上げ

店舗側が受け取るのは「利用者が支払った金額」から「決済手数料」を引いた金額

Chapter5
51

QRコード決済の導入

新しいQRコード決済サービスが次々と登場していますが、それらを導入できるのは大手小売企業だけではありません。導入コストがかからない方法もあるため、個人経営のお店などでも導入しやすいのです。

初めに決済サービス事業者に加入申請を行う

店舗にQRコード決済システムを導入するときの、申し込みから利用開始までの手順を確認していきましょう。初めに、決済サービス事業者の選定です。QRコード決済サービスには多くの事業者があるため、自店舗に合ったサービスを選びます。次に、選んだ事業者に「加盟店申請」を行います。申請方法は事業者ごとに異なり、そのほとんどが直接契約です。ただし、「複数のサービスを迅速に導入したい」といった場合は、代理店を経由して申請できる場合があります。申請後は、事業者側で加盟店審査が行われます。審査に要する日数は、サービスによって異なります。

サービスを開始できる環境を用意する

審査を無事に通過したら、QRコード決済サービスを始めるための環境を用意します。そのとき準備するのは、①レジとして使用する端末（または、決済アプリをダウンロードしたモバイルデバイス）、②QRコードを表示するモバイルデバイスまたはQRコードを印刷した用紙（店舗提示型の場合）、③QRコードを読み取るQRコードリーダー（顧客提示型の場合）の3種類です。またFree Wi-Fiを用意すると、利用者がインターネット環境を利用しやすくなり、便利になるでしょう。そして、事業者から届いた書類やキットに従って、システムの初期設定や決済に必要なQRコードを印刷した用紙などを設置すれば、すぐにQRコード決済システムを利用できます。このように、大規模なシステム改修などを必要としないQRコード決済は、個人経営のお店でも導入しやすいサービスであるといえます。

モバイルデバイス
スマートフォンやタブレットのこと。

Free Wi-Fi
Wi-Fiが使えるスマートフォンやパソコンがあれば、誰でも無料で利用できるWi-Fi（公衆無線LAN）によるインターネット接続サービスのこと。

▶ 事業者選定から審査まで

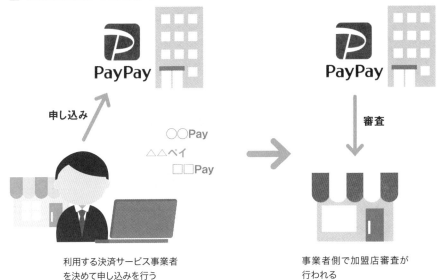

利用する決済サービス事業者
を決めて申し込みを行う

事業者側で加盟店審査が
行われる

▶ QRコード決済サービスで準備するもの

❶レジで使用する端末（また
は決済アプリをダウンロード
したモバイルデバイス）

❷QRコードを表示するモバ
イルデバイス、または QR
コードを印刷した用紙

店舗提示型の場合

❸QRコードを読み取るQR
コードリーダー

顧客提示型の場合

Chapter5 52

代表的な企業&サービス①
PayPay

大規模なキャンペーンを定期的に実施することで注目を集めるPayPay（ペイペイ）は、登録料などの手数料がかからず、クレジットカードがなくても利用できます。誰でも気軽に始めやすいサービスとして人気です。

決済だけでなく送金や割り勘もできる

銀行口座などからのチャージ

銀行口座以外にも、セブン銀行ATMやギフトカード、ソフトバンクの携帯電話料金などからもチャージできる。

PayPay残高を送る機能

「相手のバーコードを読み取る」「電話番号を指定する」「受け取りリンクを作成して送る」という3種類の方法で、PayPay残高を手軽に送金できるしくみのこと。

2018年10月からサービスを開始したQRコード決済サービスPayPayは、ソフトバンクとヤフーが共同出資するPayPay株式会社が運営しています。2018年12月に実施した、支払い額の一部または全額を還元するキャンペーンなどで、多くの利用者を獲得し、2020年1月時点で2,030万人を突破しました。対応店舗も続々と増え続けており、PayPayのアプリを使えば、かんたんに探せるようになっています。店舗提示型と顧客提示型の両方で支払いができ、決済方法も銀行口座などからのチャージによる「前払い」と、クレジットカード決済による「後払い」の2種類から選べます。また、PayPayを利用するユーザー間で、PayPay残高を送金することもできます。さらに、PayPayでの支払いを均等に分けられる「わりかん機能」を使えば、飲み会や旅行などでの支払い時にアプリ上で割り勘できます。

登録方法がかんたんで多彩なキャンペーンが魅力

まちかどペイペイ

消費者還元事業の5％対象店舗での支払いの際、20回に1回の確率で最大1,000円相当が戻ってくる2020年3月末まで実施されるキャンペーン。

PayPayの登録方法はかんたんで、最短1分で始めることができます。PayPayアプリをインストールし、電話番号とパスワードを設定する、またはYahoo! JAPAN IDでログインするだけで、すぐにチャージして使い始めることができます。登録や決済などの利用に、お金はかかりません。その上、PayPay残高やYahoo! JAPANカードで支払った場合に、ポイント還元率が3％になったり、新規登録で500円相当の残高がもらえる「新規登録キャンペーン」、「まちかどペイペイ」などの期間限定キャンペーンを利用できるメリットもあります。

▶ PayPayの主な特徴

PayPay
https://paypay.ne.jp/

大規模なキャンペーンで話題を呼んだPayPay。チャージによる前払いと、クレジットカードを登録して決済する後払いの両方に対応している。加盟店はどんどん増えており、2020年1月時点で加盟店数が180万を突破した

▶ PayPayを利用するメリット

インストールしてから決済までが早い

アプリをインストールしてから最短
1分で決済ができる

カードと紐付け

紐付け

Yahoo! JAPANカードと紐付けて
支払うとポイント還元率がアップする

Chapter5
53

代表的な企業＆サービス②
LINE Pay

LINE Pay（ラインペイ）は、インスタントメッセンジャーアプリ「LINE」の決済機能として提供された決済サービスです。登録やチャージもかんたんで、送金したいときにも役立つサービスです。

📍 利用がかんたんで不正利用を防ぎやすい

利用者の多いLINEから派生したLINE Payは、2018年末時点で133万店舗の加盟店で利用できるQRコード決済サービスです。その特徴のひとつは、登録やチャージがかんたんなことです。LINEのウォレットタブから新規登録を行うだけで、利用できます。また、クレジットカードからのチャージはできませんが、LINE Payカード、銀行口座などの7通りの方法でチャージができます。さらに、決済のたびにLINEに通知が届いたり、不正利用被害に遭っても最大10万円まで保証されるなど、セキュリティ面でも安心して利用できるサービスです。なお、一部のAndroidスマートフォンではQUICPayとしての利用も可能です。

📍 「個人間送金」「ポイント還元率アップ」などが可能

LINE Payでは、ほかにもさまざまな機能を利用できます。そのひとつが、LINEでつながっている人に送金したり、友達と割り勘できたりする機能です。本人確認をすると利用することができ、これを使えば、相手の銀行口座を知らなくても、アプリ上で必要な金額を入力するだけでお金をやり取りできます。また、LINE Payの加盟店以外で支払いたいときには、その店舗がJCB加盟店であれば、LINE Payカードのチャージ残高で決済できます。さらに、マイカラー制度を使うと、よりお得に利用できます。この制度は、前月の総決済金額に応じて、最大2％までポイント還元されるしくみです。ほかにも、2019年12月にはLINE Pay残高を友達に送金する際に、直接銀行口座に振り込めるサービスも登場し、ますます便利になっています。

LINE Payカード
普段の買い物や、オンラインストアの支払いに使える、チャージ式プリペイドカードのこと。

7通りの方法でチャージ
LINE Payカードや銀行口座のほか、Famiポート、オートチャージ、QRコード／バーコードチャージ（コスメショップのアインズトルペのみ）、セブン銀行ATM、LINEによる無担保ローンサービス「LINE Pocket Money」からのチャージができる。

マイカラー制度
月々の利用実績に応じてポイントを付与する、LINE Payのインセンティブプログラムのこと。

銀行振り込みサービス
個人口座への振り込みに加え、法人口座への振り込みもできる。利用するには本人確認が必要。

LINE Pay の主な特徴

LINE Pay
https://pay.line.me/portal/jp/main

「LINE」から生まれたQRコード決済。2019年11月にはヤフーの親会社であるZホールディングスとLINEが経営統合を発表し、LINE Payの機能拡大も期待されている

LINE Payのメリット

個人間送金

割り勘機能

¥ 送金

¥ ¥ ¥ 割り勘

支払い

店舗

LINEで友だちになっている人との間で送金・割り勘機能を利用できる

127

Chapter5
54

代表的な企業＆サービス③ 楽天ペイ

楽天ペイは、楽天ペイメントが運営するQRコード決済サービスです。楽天会員が利用できるこのサービスでは、豊富な決済機能などを利用でき、QRコード決済サービスの中でも特に多くの人に利用されています。

楽天会員が利用できるお得な決済サービス

リアル店舗
実際に存在する店舗のこと。

楽天スーパーポイント
楽天が運営するポイントサービスのこと。

楽天キャッシュ
楽天市場やラクマなどのインターネットサービスや、楽天ペイアプリ加盟店などでの支払いに利用できる電子マネーのこと。

楽天ペイは楽天市場での支払いやリアル店舗での支払いに対応する決済プラットフォームの総称で、リアル店舗向けにはQRコード決済が対応しています。以下、楽天ペイのQRコード決済について解説していきます。利用には楽天会員の登録が必須で、支払い方法は店舗提示型と顧客提示型の両方に対応しています。加盟店はこれまでネット上の店舗が中心でしたが、コンビニや飲食店などのリアル店舗も増加中です。決済方法は、2種類から選ぶことができます。ひとつは、事前にアプリにクレジットカードを登録しておく方法。もうひとつは、楽天スーパーポイントまたは楽天キャッシュからチャージしておく方法です。後者の方法では、貯めたポイントで支払えるので、お得に支払えます。

ポイントが貯まりやすく利用者数No.1！

MMS研究所が2019年2月に発表した「QRコード決済サービスの利用に関する調査」によれば、QRコード決済サービスの中でもっとも使われているのは楽天ペイという結果になりました。それだけたくさんの人が楽天ペイを利用しているのは、多くのメリットがあるからです。中でも最大のメリットは、お得にポイントを貯められることです。楽天スーパーポイントと連携しているので、決済時には200円につき1ポイントが付与されます。また、アプリに登録したクレジットカード払いで決済をすると、支払い時に使ったクレジットカードにもポイントが付くため、ポイントの二重取りが可能です。ほかにも、セキュリティ対策が万全であるなど、便利な機能が満載のサービスです。

▶ 楽天ペイの主な特徴

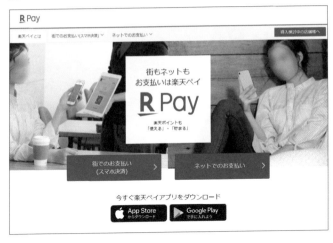

ECサイト「楽天市場」で有名な楽天から生まれたQRコード決済サービス。すでに楽天会員に登録している人であれば、ログインをするだけですぐに使える

楽天ペイ
https://pay.rakuten.co.jp/

▶ 楽天ペイのメリット

クレジットカードと紐付け

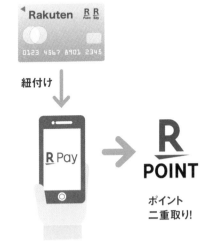

楽天ペイに楽天カードなどのクレジットカードを紐付けて支払いをすると、ポイントの二重取りが可能

楽天キャッシュ

楽天キャッシュ
https://cash.rakuten.co.jp/overview/

楽天キャッシュから楽天ペイにチャージをして支払うこともできる

代表的な企業&サービス④
d払い／au PAY

QRコード決済市場に、大手携帯電話会社が続々と参入してきました。ソフトバンクのPayPayのほか、NTTドコモはd払い（ディーバライ）、KDDIはau PAY（エーユーペイ）という決済サービスを提供しています。

dアカウント
NTTドコモが発行する本人認証用IDのこと。

ドコモ口座
スマートフォンから送金をしたり、ネットショッピングをしたりできるドコモのサービス。銀行預金などの口座とは意味合いが異なっている。

dポイント
ファストフード店やコンビニなどのリアル店舗やネットショッピングで利用できるポイントサービス。

au PAYプリペイドカード
全国のコンビニやスーパー、レストランなど、さまざまな場所で使えるプリペイド式のカード。au WALLETのWebサイトやauショップで発行の申し込みができる。

au WALLET
KDDI、および沖縄セルラー電話が提供する、電子マネーサービス。

かんたんな支払い方法でdポイントが貯まる

　dアカウントを登録すれば誰でも利用できるd払いは、NTTドコモが提供するQRコード決済サービスです。ドコモユーザーであれば、クレジットカード決済やdポイントを使った支払いのほか、d払いでの支払金額を月々の電話料金にまとめたり、ドコモ口座から充当したりすることもできます。ドコモユーザー以外でも利用可能ですが、その場合はクレジットカード決済か、dポイントを使った支払い方法のみとなります。また、d払いはリアル店舗とネットショッピングの両方で利用でき、支払い金額に応じてdポイントが貯まります。貯めたポイントは、ほかの支払いに利用できます。

au WALLETを貯めて支払いに利用できる

　決済などの分野で楽天と業務提携したKDDIが提供するau PAYは、全国に120万店舗ある楽天ペイの加盟店でも利用できるQRコード決済サービスです。2019年8月からは、アプリをダウンロードしてau PAYプリペイドカードを申し込めば、auユーザー以外でも利用可能になりました。決済時には、au PAYからau PAYプリペイドカードに残っている残高を利用して支払いができます。また、au WALLETのポイントを、au PAYでの支払い200円ごとに1ポイント貯められます。さらに、auスマートパスプレミアム会員であれば、支払い200円ごとに3ポイント貯められるしくみとなっています。

▶ d払いの主な特徴

d払い
https://service.smt.docomo.ne.jp/keitai_payment/

携帯キャリア「docomo」から生まれたQRコード決済サービス。ドコモユーザーであれば、支払った金額を電話料金とまとめて引き落としにすることも可能

電話料金と合算

電話料金とd払いで支払った金額をいっしょに引き落とすことができる

▶ au PAYの主な特徴

au PAY
https://aupay.wallet.auone.jp/

携帯キャリア「au」から生まれたQRコード決済サービス。au スマートパスプレミアム会員なら、ポイントをお得に貯めることができるので、au ユーザーなら押さえておきたいサービスといえる

au ユーザー以外も利用可能

au PAY プリペイドカードを申し込めば、au ユーザーではない人もau PAYを使うことができる

Chapter5

56

代表的な企業&サービス⑤
メルペイ

フリマアプリ「メルカリ」の100%子会社である株式会社メルペイが運営するQRコード決済サービスがメルペイです。銀行口座と連携させれば、メルカリを利用したことがない人でも利用できるようになっています。

●「iD」が使えるメルカリアプリの決済サービス

　メルペイは、メルカリアプリを使ったQRコード決済サービスです。メルカリアプリをダウンロードしてアプリ内の設定画面に従い、アプリ内の電子マネーカードの発行や銀行口座を登録すれば、すぐに利用できます。メルペイコード決済に対応したコンビニなどの加盟店でQRコード決済が利用できるほか、メルペイは電子マネー「iD」にも対応しているので、あわせて全国約170万店舗のiD加盟店でタッチ決済による支払いができます。店舗でメルペイをiDとして利用したいときには、アプリを起動したり、スマートフォンの画面を見せたりする必要はなく、「支払いはiDで」と店員に伝えて、決済端末にスマートフォンをかざすだけで支払いができます。さらにApple Payを通せば、メルペイからモバイルSuicaにチャージが可能となるため、クレジットカードを持っていない人でも交通費をかんたんにチャージできます。

電子マネー「iD」
NTTドコモが運営している電子マネーのこと。

モバイルSuica
携帯端末でSuicaのサービスを利用できるサービスのこと。

●「メルカリの売り上げ金の利用」や「後払い」にも対応

　メルペイでは、メルカリでの売り上げ金を使うことができます。その場合、売り上げ金1円あたり1ポイントとなるため、還元率を気にする必要はありません。ポイントと交換すれば、自動的にメルペイ残高として追加され、そこから支払いができるしくみです。メルペイを使った支払いはiD対応店舗だけではなく、メルカリアプリ内やメルペイコード決済対応店舗、一部のネットショップでも行えます。「メルペイスマート払い」という、手持ちのお金をすぐに準備できない人でも翌月に代金をまとめて支払える便利なサービスもあります。

▶ メルペイの主な特徴

フリマアプリ「メルカリ」から登場したQRコード決済サービス。電子マネーのiDに対応しており、スマートフォンの画面を見せず、かざすだけで決済することが可能

メルペイ
https://www.merpay.com/

▶ メルペイのメリット

メルカリの売り上げ金を利用

メルカリの売り上げ金をメルペイの支払いに利用することができる

メルペイスマート払い

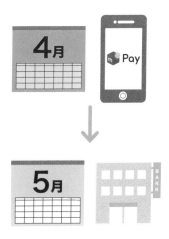

メルペイスマート払いで、月の購入代金を翌月にまとめて支払うことができる

Chapter5 57

代表的な企業&サービス⑥ Origami Pay

株式会社Origamiが提供するOrigami Pay（オリガミペイ）は、QRコード決済サービスの中でも早期に登場し、2019年末時点で全国約145万ヵ所で利用できるサービスへと成長しました。

数多くの加盟店がある、QRコード決済のパイオニア

「QRコード決済元年」といわれた2018年より2年も前にリリースされたOrigami Payは、国内のみならず海外でも加盟店展開を行うことを発表しています。コンビニや飲食店はもちろんのこと、タクシーやクリニックなどでも利用できます。そのサービス内容は決済のみに特化しており、クレジットカードや銀行口座をあらかじめ登録しておけば、そこから直接引き落とされるしくみになっています。銀行口座を登録すれば、決済時に即時引き落としがかかるため、後払いで支払いたくない人やクレジットカードを持っていない人でも便利に利用できます。なお、Origami Payは特に登録金融機関に注力しており、2020年1月時点で289のネット銀行や都市銀行、地方銀行、信用金庫の口座が登録できます。

店舗独自の割引やクーポンが利用できる

Origami Payの使い方はシンプルで、アプリをダウンロードしたあと、アカウントを作成するだけです。そのため、誰でもすぐに使い始めることができます。店舗での支払い時には、バーコードを提示するか、店舗のQRコードをスキャンして利用します。サービスの利用には、年会費や決済手数料がかからない上、店舗独自の割引やクーポンを利用することができます。店舗によっては、2～10％の割引を実施していたり、アプリ内でクーポンを受け取ったりすることもできます。また、クレジットカードでの引き落とし時には、クレジットカードのポイントも貯まるので、よりお得に支払えます。

Origami Pay
2020年1月、Origami Payはメルペイによる全株式取得により、吸収されることを発表した。Origami Payブランドを利用者や加盟店に一定の周知期間を経たのちに、メルペイへ統合される予定。

海外でも加盟店展開
2019年6月より銀聯国際が展開するQRコード決済サービス「銀聯QR」と加盟店の相互開放を開始した。これにより、29の国と地域にある銀聯QRの加盟店約1,000万ヵ所でOrigami Payが利用できる予定。

即時引き落とし
決済サービスでの支払いと同時に、登録した銀行口座から決済金額が引き落としされること。

▶ Origami Pay の主な特徴

ほかのQRコード決済サービスに先んじていち早く登場したOrigami Pay。クレジットカードや銀行口座を登録してチャージ不要で決済ができ、支払い方法によっては即時引き落としにもできる

Origami Pay
https://origami.com/origami-pay/

▶ Origami Pay のメリット

加盟店数

国内約145万ヵ所で利用できるほか、今後は海外でも利用できるようになる

独自割引・クーポン

独自割引　クーポン

Origami Payの利用で独自の割引やクーポンが使える店舗がある

Chapter5 58

代表的な企業&サービス⑦
Amazon Pay

大手ECサイトのAmazonが独自に提供するQRコード決済サービスが、Amazon Pay（アマゾンペイ）です。オンライン決済サービスとしてスタートしましたが、リアル店舗でのQRコード決済にも対応しています。

○ Amazonのアカウント情報で購入できる

Amazon Payはオンライン決済サービスとして2015年5月よりサービスを開始し、劇団四季のチケット予約サイトや出前館などに導入されています。利用者がECサイトで商品を購入する際、各サイトごとにIDやパスワードなどの会員登録が必要です。また購入時には、氏名や住所などの入力が必要です。しかしAmazon Payを利用すれば、Amazonアカウントに登録されている購入者情報や支払い方法（クレジットカード情報）などをそのまま利用できるので、サイトごとにそれらを登録する必要がなく、決済をスムーズに完了できます。PayPayや楽天ペイ、メルペイも同様に各同系列のECサイトと同じアカントが利用できますが、Amazonは日本最大のECサイトであり、そのインパクトは計り知れません。

○ 情報流出のリスクが減る

Amazon Payのいちばんのメリットは、先述したようにサイトごとにIDやパスワードを管理する手間を省けることです。また、クレジットカード情報などが流出するリスクを減らすことができます。サイトに入力したクレジットカード番号は、登録したサイトが多いほど情報流出の危険に晒されますが、それがなくなるからです。このようにAmazonに登録したユーザー情報を利用できるAmazon Payは、決済までのスピードが早く、セキュリティ面でも安心できるサービスといえます。また、2018年8月からNIPPON PAYが公認認定制度のパートナーとなり、リアル店舗での支払いにも対応できるようになりました。加盟店はまだまだ少ないものの、アパレル業界を中心に、着実に増えてきています。

Amazon

アマゾン・ドット・コムが世界13ヶ国で運営する、世界最大級のECサイト。

NIPPON PAY

NIPPON Platformが運営している、店舗にQRコード決済端末の貸出しを行うサービス事業者。導入すると、Amazon PayのほかにもアリペイやWeChat Payでの支払いにも対応できるようになる。

▶ Amazon Pay の主な特徴

世界大手のECサイト「Amazon」発のQRコード決済サービス。まだ加盟店が少なく、リアル店舗で使える機会は少ないが、ネットショッピングを利用する際には、各サイトで情報を引き継げるため非常に便利だ

Amazon Pay
https://pay.amazon.co.jp/

▶ Amazon Pay のメリット

ID・パスワードを一括管理

WebサイトごとにIDやパスワード、クレジットカード番号などを入力する必要がない

NIPPON PAY

NIPPON PAY
https://nippon-pay.com/

NIPPON PAY が Amazon Pay 公認認定制度のパートナーとなったことで、リアル店舗での支払いにも対応した。加盟店も続々と増えている

Chapter5
59

代表的な企業＆サービス⑧
Bank Pay

2019年10月31日、日本電子決済推進機構（J-Debit）がQRコード決済サービスのBank Pay（バンクペイ）を開始しました。これは銀行口座と紐付けて利用できるサービスで、さまざまな特徴があります。

デビットカードのように使えて提携銀行が多い

　Bank Payの特徴のひとつは、店舗提示型の支払い方法を利用して、銀行口座から直接引き落としができることです。そのため、支払いたい金額を事前にチャージする必要はなく、支払金額は口座から即時で引き落とされるようになっています。スマートフォン版デビットカードをイメージすればわかりやすいでしょう。また、2020年春に予定されている正式リリース後は、日本電子決済推進機構に加盟する、最大1,000以上の金融機関に対応予定です。そこにはみずほ銀行、三菱UFJ銀行、三井住友銀行の3大メガバンクに加え、静岡銀行や京都銀行などの地方銀行も含まれます。都市部はもちろん、地方でも利用範囲が拡大し、将来的には国内のほとんどの銀行で利用できる見込みです。Bank Payに対応する金融機関に口座を持っていれば、わざわざ銀行口座からチャージすることなく決済ができます。

日本電子決済推進機構
加盟店と消費者の生活利便性の向上を目指して、消費者へのデビットカードサービスの普及に努めている組織。

Bank Payでは銀行Payとの連携を検討

　Bank Payとよく似た決済サービスとして、GMOペイメントゲートペイが開発したQRコード決済サービスの銀行Payがあります。これは、導入銀行間の相互連携を可能にする、金融機関向けに開発されたサービスです。ゆうちょ銀行や横浜銀行などの9つの銀行と銀行グループが、このシステムを利用したサービスを提供しています。アリペイ決済やキャッシュアウト・サービスなどにも対応していることが特徴です。Bank Payでは、銀行Payとの連携を目指していて、いずれはどちらかを利用していれば、両方の加盟店で決済できるようになることが期待されています。

銀行Pay
ゆうちょPayやはまPayなど、参加している銀行のQRコード決済サービスの総称。

キャッシュアウト・サービス
実店舗での買い物をデビットカードで決済したとき、同時に現金を引き出せるサービス。

▶ Bank Pay の主な特徴

銀行口座と紐付けて、即時引き落としできるQRコード決済サービス。口座を複数登録しておけば、引き落とす口座を選んで決済することもできる

Bank Pay
https://www.jeppo.gr.jp/bankpay/

デビットカードのように使える

即時
引き落とし

Bank Payで支払うと、即時に引き落とされるのでデビットカードのように使える

▶ Bank Pay と銀行 Pay は参画する銀行が違う

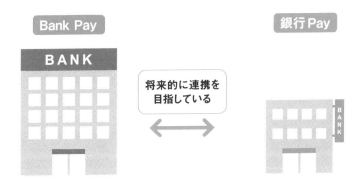

Bank Pay

将来的に連携を目指している

銀行 Pay

3大メガバンクや地方銀行、信用金庫など1,000以上の金融機関に対応予定

ゆうちょ銀行や横浜銀行など9つの銀行と銀行グループ

Chapter5
60

代表的な企業&サービス⑨ アリペイ／WeChat Pay

中国発のQRコード決済サービスの代表が、アント・フィナンシャルが運営しているアリペイと、IT企業テンセントが運営しているWeChat Pay（ウィーチャットペイ）です。それぞれの特徴を確認してみましょう。

ライフスタイルアプリとしても機能するアリペイ

2004年にスタートしたアリペイには、決済機能だけではなく、ローンや投資、保険など、生活にまつわる数多くの機能が搭載されています。たとえば、「少額ローン」「資産運用」「保険」などの金融サービスに対応できるほか、個人間で送金できるソーシャルツールとしても使えます。また、加盟店に予約をしたり、その店の口コミを確認したりできるなどの便利な機能があり、ライフスタイルアプリとして爆発的に普及しました。その結果、2019年時点では世界に約10億人のユーザーが存在し、2017年からサービスの提供が始まった日本でも30万店舗を超える加盟店があります。その便利な機能は生活に欠かせないものとなり、中国国内外で、今後も目覚ましい発展が期待されるサービスです。

資産運用
自身の持つ資産を貯蓄・投資し、効率的に資産を増やしていくこと。

コミュニケーションに特化したWeChat Pay

2013年、中国版LINEともいわれるインスタントメッセンジャーアプリのWeChatに追加されたのが、モバイル決済機能のWeChat Payです。これは銀行口座決済を中心としたQRコードおよびバーコード決済サービスで、主に中国国内での店舗決済や、個人間送金に使われています。WeChat Payの特徴は、SNSの強みを生かした機能が付随していることです。たとえばユーザー側ではWeChatのユーザーどうしで割り勘機能を利用できたり、加盟店側ではユーザー投稿型の口コミや写真のシェアなどによって、自店舗を宣伝したりすることができます。現在は日本人も含め、世界に約8億人のユーザーを抱えています。

WeChat
IT企業のテンセントが2011年にリリースした無料インスタントメッセンジャーアプリのこと。

▶ アリペイの主な特徴

中国生まれの大手ECサイト「アリババ」から生まれたQRコード決済サービス。ローンや投資、保険など生活にまつわる数多くの機能が付いており、ライフスタイルアプリとして人気がある

アリペイ
https://www.alibaba.co.jp/service/alipay/

中国No.1シェアのアリペイ

中国のシェア1位のアリペイは、世界で10億人以上が利用している

▶ WeChat Payの主な特徴

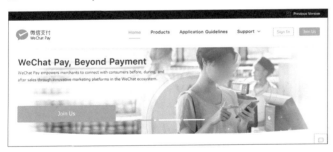

中国のメッセンジャーアプリWeChatの決済機能として登場したQRコード決済サービス。インスタントメッセンジャーアプリの特徴を生かした、個人間送金や割り勘機能、自店舗の宣伝などができる

WeChat Pay
https://pay.weixin.qq.com/index.php/public/wechatpay_en

個人間のやり取りに強いWeChat Pay

インスタントメッセンジャーアプリの強みを生かした個人間のお金のやり取りに強い

Chapter5
61

QRコード決済を利用する
メリット・デメリット

QRコード決済サービスには、ポイントを貯められる、スマートフォンを使ってかんたんに決済ができるなど、利用者にとって嬉しいメリットがあります。そのほかには、どのようなメリットとデメリットがあるのでしょうか?

メリットはお得に買い物でき決済が簡便になること

QRコード決済のメリットのひとつは、利用するとポイントが貯まったり、期間限定のキャンペーンやクーポンなどで代金が割引されたりするという点です。また、スマートフォン1台あれば決済ができるため、現金やカードを持ち歩く必要がなくなるという点もあります。会計時に現金やカードを取り出す必要がないので、レジでの支払い時間が短縮できます。しかも、現金でお釣りをもらう必要がなくなるので、財布の中身が小銭だらけになることもありません。さらに、サービスによっては個人間送金が可能なので、飲み会などではアプリ内で送金すれば割り勘が完結し、仲間どうしで現金を出し合う必要がなくなります。ほかにも、アプリ内で利用明細を確認することもできるため、レシートなどでいちいち明細を確認する手間が省けるといったメリットもあります。アプリ内で加盟店の検索ができるサービスもあります。

アプリ内で利用明細を確認できる
サービスによっては、アプリ上で「残高」や「支払い履歴」を確認できるしくみを搭載している。

加盟店を検索
サービスによっては、アプリ内で加盟店を検索できる。たとえばPayPayは「近くのお店機能」を搭載し、PayPay導入店を検索できるマップを提供している。

店舗と使用環境によっては利用できないサービスも

その一方、デメリットもあります。そのひとつが、現時点では加盟店がそこまで多くないことです。当然、店舗側で使えなければ、決済はできません。普及し始めたサービスということもあり、クレジットカードなどの加盟店と比較すると、どうしても利用できる店舗は限られてしまいます。また、スマートフォンに依存しているサービスのため、スマートフォンがなければ決済はできません。スマートフォンを自宅に忘れたときやバッテリー切れのときには、サービスを利用できないのです。さらに、通信環境が悪い場所ではQRコードを表示できず、決済処理ができません。

▶ QRコード決済のメリット

ポイントが貯まる	現金やカードがいらない	アプリで加盟店や明細を確認

ポイントが貯まったり、代金が割引されたりする。サービスによってはポイントでの支払いが可能

現金やカードを持ち歩く必要がなく、スマートフォン1台あれば支払いができる

アプリ内でQRコード決済が使える店舗を探せたり、利用明細を確認したりできる

▶ QRコード決済のデメリット

加盟店が限られている	決済できない環境がある

使用できる店舗がまだ限られている。特に小型店や個人店では導入が遅れている

スマートフォンを忘れてしまったときや、バッテリーが切れてしまったとき、通信環境が悪いときなどは決済ができない

QRコード決済のセキュリティ

多くのQRコード決済サービスでは、決済のために銀行口座やクレジットカードを登録しなければいけません。それらの情報を安全に守るために、事業者側はどのような取り組みを行っているのでしょうか？

コードの無効化などで不正利用を防ぐ

QRコード決済サービスを提供する事業者側は、セキュリティ対策のために、いくつかの取り組みを行っています。そのひとつが「一定時間でデータが無効になる」ことです。PayPayを始め、多くのサービスでは、一定時間が過ぎるとQRコードが書き換わるしくみになっています。そのため、第三者がコードのスクリーンショットを撮影しても、一定時間を過ぎると、それを利用した支払いができなくなるのです。これはカード番号が変わらないクレジットカード決済と比べて、安全性の高いしくみだといえるでしょう。またQRコード決済では、クレジットカード決済のように物理的なカードを必要としません。QRコードだけで支払いができるため、カードのようにスキミングされたり、盗難に遭ったり、紛失したりするリスクがありません。

スクリーンショット
デバイス上に表示されたものの全体、または一部分を写した画像のこと。

暗号化技術やバージョンアップで脅威に備える

QRコード決済サービスでは、決済時にもセキュリティ対策が施されています。決済時に読み取られたQRコードは、暗号化されて決済システムに送信されます。多くのサービスで、カード情報保護の国際基準に従った、安全性の高い環境で情報が管理されています。また、アプリは定期的にアップデートが繰り返され、セキュリティの脆弱性への対策を強化しています。なお、利用者側でも二段階認証を積極的に利用したり、アプリを最新バージョンに保つように心がけたり、IDやパスワードを厳重に管理したりするなど、セキュリティの強度を高める心がけを行いましょう。

カード情報保護の国際基準
決済カード情報保護の国際基準「PCI DSS」のこと。

▶ QRコードの無効化

**QRコードの
スクリーンショット画像**

更新

QRコードは一定時間で書き換わるように設定されている

スクリーンショットで撮影したQRコードは使えなくなる

▶ QRコードなど個人情報の暗号化

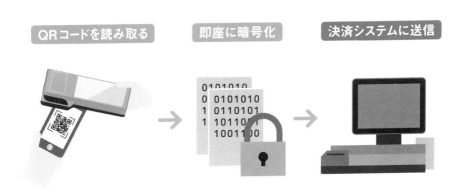

QRコードを読み取る　**即座に暗号化**　**決済システムに送信**

QRコードなどの個人情報は暗号化技術によって守られ、
高いセキュリティ性がある

QRコード決済の将来

現在は数多くのQRコード決済サービスが乱立し、しのぎを削っています。サービスを提供する事業者には、今後生き残っていくために知名度やセキュリティ面などの観点から、求められていることがあります。

生き残りのポイントは利用者数と加盟店の獲得

　現状では、それぞれ異なる強みを持つQRコード決済サービスが乱立しています。しかし、その乱立状態がいつまでも続くとは限りません。いずれは、生き残るサービスが絞られていくことになるでしょう。サービスの事業者が、利用者や加盟店から選ばれるようになるためには、まず「知名度を高める」ことが重要です。そもそもサービスの存在が知られていなければ、利用してもらうことはできません。そこで、PayPayが実施した大型キャンペーンのように、知名度を高める取り組みが必要になります。また、LINE Payやメルペイのように、自社サービスから派生した決済サービスは、自社サービスの利用者から認知されやすく有利だといえます。ほかにも加盟店を増やして、どの店舗でも使える利便性の高いサービスとして認識されるようになれば、利用者がさらに増え、それに伴い加盟店もさらに増えていくはずです。

どの店舗でも使える利便性の高いサービス
加盟店が多いサービスのこと。その一方、2019年7月時点で一部のローソンのみで使える「ローソンスマホレジ」など、一部店舗限定のQRコード決済サービスもある。

お得感のあるサービスとセキュリティ対策の強化

　利用者を獲得するには、「お得感のあるサービス」も求められます。そのため、ポイント高還元やクーポンの配布を定期的に行っている事業者がありますが、それは資金力がある事業者に限られ、どの事業者でも行えるとは限りません。また加盟店のコスト負担を考えれば、導入にかかる初期費用をより低廉にしていくことも強く求められます。そして、セキュリティの強化対策は必須です。7payの不正利用（P.032参照）のようなことがあればサービスが短命で終わってしまうため、二段階認証や生体認証などの安全性を高める取り組みは、どの事業者にも求められます。

導入にかかる初期費用をより低廉に
LINE Payは、2021年7月31日まで、決済用QRコードを店頭に掲示する「プリントQR」の決済手数料を無料としている。

▶ 生き残りには利用者と加盟店を増やすことが必須

知名度を高める

加盟店を増やす

知名度を高めたり、加盟店を増やしたりすることで、
利便性を感じたユーザーが登録する

▶ お得感のあるサービスとセキュリティ強化

キャンペーンを開催

PayPay キャンペーン
https://paypay.ne.jp/event/

還元率アップのキャンペーンを開催し
たり、クーポンを配布したりするなどし
て、お得感のあるサービスを訴求する

セキュリティ

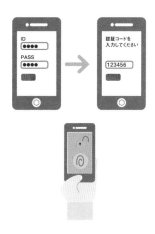

二段階認証や指紋認証などを導入して
セキュリティ強化を万全にすることで、
ユーザー離れを回避する

楽天ペイでもSuicaの利用が可能に

それぞれの弱点を補いキャッシュレス化を促進

　2019年6月5日、楽天会員が利用できる「楽天ペイ」を運営する楽天ペイメントと、交通系電子マネー「Suica」を運営するJR東日本が、キャッシュレス化の推進に向けた連携を発表しました。これにより2020年春以降を目処に、楽天ペイのアプリ内でSuicaの発行やチャージが可能になる予定です。楽天ペイが、楽天グループ外のサービスと連携するのは、今回が初めての試みとなります。楽天ペイ側は、交通系に強いSuicaと連携することで、生活する上で欠かせない交通系をカバーしようとしているのです。一方、Suicaのサービスが他社と提携するのは、みずほ銀行との「Mizuho Suica」に続き、今回が2度目になります。Suica側は、インターネットの世界で圧倒的なプラットフォームを持つ楽天と提携することで、Suicaのポテンシャルを引き出し、またユーザーの多くをキャッシュレス決済に移行させたい、という狙いがあるのです。

Suicaのチャージ額に応じて楽天スーパーポイントが付与される

　提携により、楽天ペイアプリを利用して「バーチャルSuica」を発行し、楽天ペイ上でSuicaを利用できるようになります。楽天ペイアプリで発行したSuicaにチャージできるのは楽天カードのみですが、チャージ金額に応じて楽天スーパーポイントが付与されるしくみです。その電子マネーは、Suicaに対応する全国の交通機関（鉄道約5,000駅やバス約5万台）と約60万の加盟店で利用できます。ただし、「Suica定期券」や「Suicaグリーン券」には別途モバイルSuicaの利用が必要で、オートチャージはできません。また、利用できるのはおサイフケータイに対応したAndroidスマートフォンのみで、国内で大きなシェアを持つiPhoneのApple Payには対応していません。こうした欠点は残るものの、このように各社が提携することにより、今後ますます便利なサービスが拡大していくことが期待されています。

第6章

キャッシュレス先進国！
中国やそのほかの国の現状

これまで日本国内のキャッシュレス事情について学ん
できましたが、海外の現状はどうなっているのでしょ
うか？ キャッシュレス大国の中国や欧米先進国の
キャッシュレス事情を確認していきましょう。

Chapter6
64

中国の2大キャッシュレス決済
アリペイとWeChat Pay

世界トップレベルのキャッシュレス大国・中国で、もはや生活必需品となっているのがQRコード決済です。中国のQRコード決済サービスは、アリペイとWeChat Payの2大サービスが、ほぼ独占しています。

中国キャッシュレス業界は2大巨頭がほぼ独占

　2019年10月に発表された中国人民銀行のレポートによると、中国国内のキャッシュレス決済利用者は、全成人の82.4%に達しています。中でも取引件数、取引額ともに成長著しいのが、QRコード決済によるキャッシュレス決済サービスです。中国では、街中での買い物やネットショッピングだけでなく、家賃や電話料金、電気・ガス・水道といったインフラ料金、さらには税金や罰金の支払いまでもがQRコード決済で可能となっており、もはや日常生活に欠かせない必須サービスとなっているのです。

　ただし、多数のサービスが乱立する日本とは違い、中国のQRコード決済サービス市場は、「アリペイ」と「WeChat Pay」の2つのサービスによってシェアの9割以上が独占されています。

　「アリペイ（支付宝）」はアリババグループ（阿里巴巴集団）による、中国キャッシュレス・ブームの起爆剤となった決済サービスです。2004年にサービスを開始し、2019年時点で10億ユーザーを獲得。最近はWeChat Payの登場でややシェアを落としつつあるものの、現在でも中国国内におけるキャッシュレス決済の54%をアリペイが占めています。

　一方、テンセント（騰訊）が提供する「WeChat Pay（微信支付）」は、アリペイより後発の2013年にサービスが開始された決済サービスです。しかしながら、中国においてほぼ独占的なシェアを有するインスタントメッセンジャー「WeChat（微信）」の人気に乗る形で登場すると、爆発的にシェアを拡大しました。金額ベースでのシェアこそ40%前後とアリペイの後塵を拝していますが、アクティブユーザー数では8億超と、最近ではアリペイを超える勢いを見せています。

アリババグループ
ジャック・マーが1999に創業した世界最大のEC企業。2018年の傘下ECサイトの流通総額は約5.7兆人民元（日本円で約94兆円）。

テンセント
マー・フアテンが1998年に創業したIT企業。1999年に正式公開したインスタントメッセンジャー「QQ」のヒットで急成長し、現在ではアメリカの著名ゲーム企業を多数傘下に収める世界一のアプリ・ゲーム企業となった。

インスタントメッセンジャー
複数のユーザー間で、リアルタイムで短文のメッセージをやり取りするためのアプリ。

▶ 中国ではあらゆる場所でQRコード決済が利用可能、今や生活必需品に

▶ アリペイ vs WeChat Pay、熾烈なシェア争い

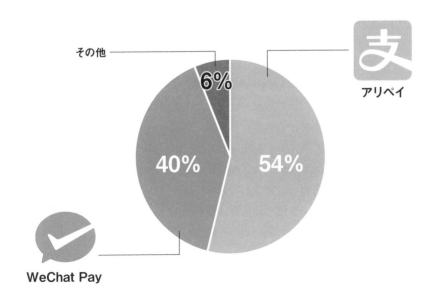

出典：MIT Technology Review

Chapter6
65

アリババの決済サービスから始まったアリペイ

中国のスマホ決済で最大のシェアを誇るアリペイは、もともとはアリババ系列のECサイトで利用できるサービスに過ぎませんでした。ではなぜ、中国最大のQRコード決済サービスへと成長を遂げたのでしょうか?

もともとEC業界で圧倒的だったアリババ

アリペイを展開する「アリババ」は、もともとは企業間での電子商取引を仲介する事業でスタートした小さな企業に過ぎませんでした。しかし、2003年にECサイト「タオバオ(淘宝網)」を開設したことをきっかけに急成長。現在ではタオバオや「テンマオ(天猫)」といった巨大ECサイトを傘下に抱える超巨大企業となりました。そのため、中国でネット通販といえばほぼ「アリババのサービス」といってよい状況が現在まで長く続いており、そのアリババの決済サービスであるアリペイは、ネット上では以前から決済手段の主役でした。それが2011年、アリペイがQRコード決済に対応したことによって、ネット外にも一気に拡大したのです。

便利で安価な使い勝手抜群のアリペイ

そして、アリペイは使い勝手も抜群です。ショッピングや公共交通機関はもちろん、水道光熱費や家賃、税金の支払いなど、あらゆるシーンで利用可能です。また、アリババグループ傘下のアント・フィナンシャル(螞蟻金服)が運営するローンや資産運用などの機能も充実しており、特にアリペイユーザー専用の預金サービス(正確には投資信託商品)「ユエバオ(余額宝)」は、銀行よりも遥かに高い利回りによって大人気となり、アリペイの人気を決定付けました。

加えて、アリペイは加盟店手数料が安価です。現金化など一部有料のサービスもありますが、いずれも0.1～0.6%と安価で、これもアリペイ人気の原動力となっています。

タオバオ
アリババが2003年に設立した世界No.1のECサイト。2008年にテンマオと2分割されて以降、個人間取引を中心としたECサイトとなる。

テンマオ
アリババが2008年、タオバオから分割して設立した世界第2位のECサイト。旧名は「タオバオモール(淘宝商城)。」

アント・フィナンシャル
アリババグループの金融会社で、アリペイとアリペイに搭載されている金融サービスや信用評価システムなどを運用している。

▶ QRコード決済機能を得てネット外にも広がった

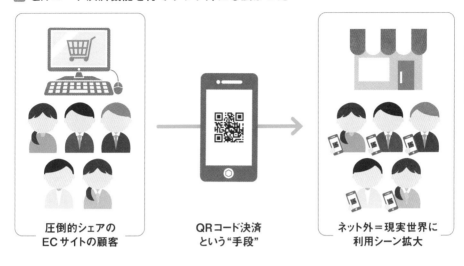

圧倒的シェアの
ECサイトの顧客

QRコード決済
という"手段"

ネット外＝現実世界に
利用シーン拡大

▶ 多彩な機能を備えたアリペイ

少額ローン

蟻蟻小貸
（アントクレジット）

決済

支付宝
（アリペイ）

投資銀行

網商銀行
（マイバンク）

信用情報サービス

芝麻信用
（ジーマしんよう）

支付宝
ALIPAY

保険

相互保
（シャンフーバオ）

資産運用

余額宝
（ユエバオ）

Chapter6 66

チャット機能から始まった WeChat Pay

WeChat Payは、2013年にサービスを開始した後発のQRコード決済サービスですが、デファクト・スタンダードとなっていたアプリの人気に乗る形で、今やアリペイに迫る存在へと成長しています。

圧倒的シェアのWeChatに乗る形で人気に

キャッシュレス決済サービスのようなインフラは、シェアこそ力です。にもかかわらず、後発のWeChat Payは登場するや否や、当時アリペイ1色だった中国のQRコード決済市場を一変させてしまいました。WeChat Payが人気を博した理由は、インスタントメッセンジャー「WeChat（微信）」の付加機能として登場したことにあります。

中国では金盾（きんじゅん）の検閲により、LINEやFacebookといったSNSを利用することができず、WeChatは中国のインスタントメッセンジャーのデファクト・スタンダードとなっています。つまり、中国のネットユーザーにとってWeChatは、メジャーなSNSをすべてまとめたような、誰もが利用するコミュニケーションの命綱なのです。そんなアプリの付加機能として登場したキャッシュレス決済だったため、そのインパクトは絶大です。

個人間のやり取りに優れるWeChat Pay

もとから決済サービスだったアリペイが先行しているのは、主に金融関連の機能です。WeChat Payにも金融サービスがありますが、それらはいずれもアリペイに遅れをとっています。

一方、インスタントメッセンジャーの付加機能から始まったWeChat Payが得手とするのは、個人間のやり取りです。友人間でご祝儀を送り合う「紅包」や、飲食費などの割り勘払い「AA収款」といった機能は、今ではアリペイにも搭載されていますが、もとはWeChat Payから始まったサービスです。このサービスにより大成功を収め、WeChat Payの人気は決定付けられたのです。

WeChat
中国のインスタントメッセンジャー。利用可能なSNSが限られる中国国内のインターネットではコミュニケーション・ツールの中核となっており、圧倒的なシェアを誇る。

金盾（きんじゅん）
厳密には中国政府による情報管理プロジェクトの総称だが、多くの場合、金盾プロジェクトの一部である中国政府による大規模インターネット検閲システムを指して用いられる。

デファクト・スタンダード
公的機関で定めているわけではないが、事実上、標準となっていることやもの。

▶ インスタントメッセンジャーがスマホ決済に対応

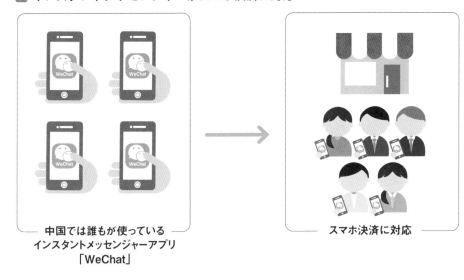

中国では誰もが使っている
インスタントメッセンジャーアプリ
「WeChat」

スマホ決済に対応

▶ 個人間のやり取りに優れる WeChat Pay

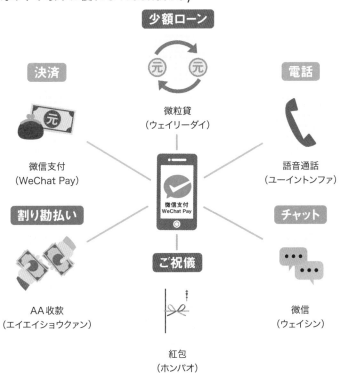

少額ローン

微粒貸
（ウェイリーダイ）

決済

微信支付
（WeChat Pay）

電話

語音通話
（ユーイントンファ）

割り勘払い

AA収款
（エイエイショウクァン）

ご祝儀

紅包
（ホンパオ）

チャット

微信
（ウェイシン）

微信支付
WeChat Pay

アリペイは個人の信用を
スコアで表す

アリペイはキャッシュレス決済を基本機能とするサービスですが、もうひとつ非常に重要な機能があります。それは、膨大なビッグデータを利用して個人の信用度をスコア化する信用情報サービス「芝麻信用」です。

ユーザーの信用度をスコア化する芝麻信用

アリペイは中国におけるキャッシュレス決済の起爆剤となったサービスですが、アリペイには決済機能以外にもひとつ、重要なサービスがあります。それは、おそらく世界でもっとも詳細、かつ大規模なアリババグループの信用情報サービス「芝麻信用（ジーマシンヨウ）」です。芝麻信用は、アリババ系列のサービスだけでなく、政府関連機関や他社サービスとも連携して収集された膨大なビッグデータを利用し、「信用歴史」（信用履歴。ローンの借入や返済、公共料金の納付履歴など）、「行為偏好」（行動傾向。アリペイの利用頻度や消費傾向など）、「履約能力」（支払い能力。銀行口座や「余額宝」の残高、不動産情報など）、「身分特質」（身分特性。実名認証の有無や学歴・学位、社会的地位など）、「人脈関係」（人間関係。友人の信用スコアや資金のやり取り）の5つの基準で、ユーザーの信用度をスコア化しています。

信用情報
個人の信用力＝主に支払い・返済能力を示す情報。過去にクレジットカードやローンを利用した際の契約内容や返済状況（クレジットヒストリー）、収入や勤務先、保有不動産が代表例で、主にクレジットカードやローンの審査時に貸し手側の判断材料として利用される。

芝麻信用の光と影

中国の政府機関が提供するデータをベースとし、センシティブな個人情報まで利用して個人を採点する芝麻信用は、中国政府による政治利用が懸念されるサービスです。しかし、中国国内ではおおむね好意的に受け止められています。なぜなら、多くの利点があるからです。芝麻信用は各ユーザーの信用度を、前述の5つの基準に則って、350～950点の範囲で判定します。信用スコアが高いユーザーはローン限度額が増える、融資条件がよくなる、さまざまなサービスで保証金が安価／不要になる、ビザ取得が容易になるなど、さまざまな恩恵が受けられるのです。

信用スコア
ユーザーの信用度スコア化は2019年12月時点で、中国以外にアメリカやヨーロッパなどでもすでに浸透している。日本でも、みずほ銀行とソフトバンクグループが共同出資して設立したJ.Score株式会社による日本初の信用スコアサービスの展開が始まった。

▶ 5つの基準で信用をスコア化する芝麻信用

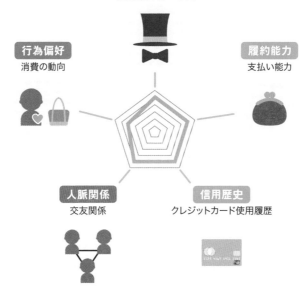

身分特質
社会的なステータス

行為偏好
消費の動向

履約能力
支払い能力

人脈関係
交友関係

信用歴史
クレジットカード使用履歴

▶ 芝麻信用が高スコアだとさまざまな恩恵を受けられる

950-700	**750点以上**	空港で専用レーンの通行が可能になるルクセンブルクのビザが取りやすくなる
700-650	**700点以上**	シンガポールのビザが取りやすくなる
650-600		
600-550	**650点以上**	レンタカーや図書館の利用で保証金が不要になる
550-350	**600点以上**	自転車のレンタルやホテル予約の保証金、賃貸の敷金などが不要になる

アリペイの収益源は「ビッグデータ」

アリペイの加盟店手数料は、クレジットカードなど、ほかの決済サービスと比べて極めて低い価格に抑えられています。では、アリペイはどのように収益を上げているのでしょうか？　その答えは「ビッグデータ」です。

収益の屋台骨は「3-1-0」の消費者金融

アリペイの加盟店手数料は、安価に抑えられています（Sec.65参照）。これは、日本でのクレジットカードやそのほかのキャッシュレス決済と比べて非常に安く、導入コストの低さこそが中国でQRコード決済がこれほど急速に普及した最大の要因といえます。では、アリペイはどのようにして利益を出しているのでしょうか？　その答えはビッグデータです。

アリペイの消費者金融サービスのウリは、「3-1-0」と称される超高速AI審査と、適正な限度額・利率設定による高回収率です。これらはいずれも、膨大なビッグデータをベースとする信用情報サービス、「芝麻信用」あってこそのサービスなのです。

ビッグデータ自体も貴重な商品

さらに、アリペイが収集するビッグデータは、それ自体も貴重な商品といえます。アリペイは、中国のスマホユーザーの大半が利用するアプリです。信用情報サービス「芝麻信用」はアリペイを使えば使うほど、アリペイに多くの個人情報を登録すればするほど、信用スコアが上がるしくみになっています。つまり、アリペイはそれ自体がいわばビッグデータ収集アプリであり、アリペイが収集するビッグデータは、ほかの業者にとって垂涎の的です。また、クレジットカードの普及率が低い中国では、芝麻信用がビッグデータをもとに算出する信用スコアは、貴重な信用情報です。そのため、これを自社サービスで利用したいと考える事業者は多く、こういった企業からのデータ利用手数料も大きな収益となります。

ビッグデータ
従来型のソフトウェアでは収集・管理・処理ができないほど複雑かつ膨大なデータの集合体。

3-1-0
アリババ傘下の「アント・フィナンシャル」による自社の融資サービスの特徴を説明する際に使われるワード。「申請手続き3分」「融資審査1秒」「人の手ゼロ」を意味し、人の手を要しないAIによる超高速融資システムを指す。

▶ ビッグデータで新たな収益を創出

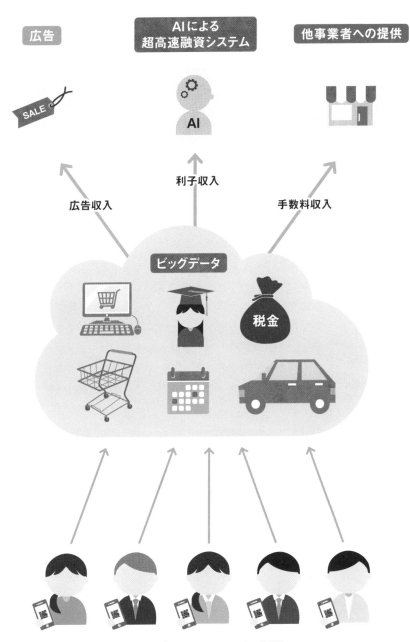

広告

AIによる
超高速融資システム

他事業者への提供

AI

広告収入

利子収入

手数料収入

ビッグデータ

税金

ユーザーによるアリペイの利用

Chapter6
69

国民の約９割が
キャッシュレスの韓国

お隣の国、韓国は、2016年時点で96.4％と、キャッシュレス決済比率が世界一高い国です。そこには、政府主導でキャッシュレス決済を強力に推し進めてきた背景があります。

アジア通貨危機をきっかけに政府が強力に推進

アジア通貨危機
1997年7月、タイから派生し、マレーシア、インドネシア、韓国などアジア各国に通貨下落の影響をもたらした経済危機。

住民登録番号
日本の「マイナンバー」や、アメリカの「社会保障番号」（Social Security Number、SSN）と同様の、韓国の「国民識別番号」。「国民識別番号」とは、政府が個人の識別・管理のため、全国民に振り割る固有の番号、あるいはその番号を使う国民管理システムを指す。

一般社団法人キャッシュレス推進協議会が公開した「キャッシュレス・ロードマップ2019」によると、2016年時点で韓国のキャッシュレス決済比率は96.4％。中国やイギリス、オーストラリアといった欧米先進国の50〜70％と比べても圧倒的な高さを誇っています。そのきっかけは、1997年のアジア通貨危機でした。

韓国ではもともと、作成時に住民登録番号との紐付けが必要なクレジットカードの信頼性が高く、1997年以前も決済の5割程度はキャッシュレスでした。しかし1997年、アジア通貨危機で景気が大きく落ち込んだことで、政府は個人消費の喚起や脱税対策としてクレジットカード推進を決定。カード決済利用額の一部を所得から控除するなど、国を挙げて対策に取り組んだ結果、カード発行枚数、カード決済額ともに急増したのです。

普及するか？　韓国政府主導のQRコード決済

ZERO Pay
正式名称は「小商工人簡単決済サービス」。QRコードを利用した決済サービスで、ソウル市で2018年12月に試験運用が開始された。

96.4％という驚異的な決済比率の韓国ですが、これまでその多くは従来のクレジットカードやデビットカードによるものでした。しかし、現在では韓国でも、非接触式のいわゆるタッチ決済を利用した決済サービスが急速に広がっています。さらに、QRコード決済も本格化しつつあります。韓国ではこれまでも、スマートフォンメーカーやSNSアプリによるQRコード決済がそれなりに利用されてきました。しかし、2018年末、政府主導のQRコード決済「ZERO Pay」の試験運用がソウル市で開始されました。「加盟店手数料無料」、「所得控除率最大40％」などの特典を武器に、徐々に普及しつつあります。

▶ 政府が強力にキャッシュレス決済を推進

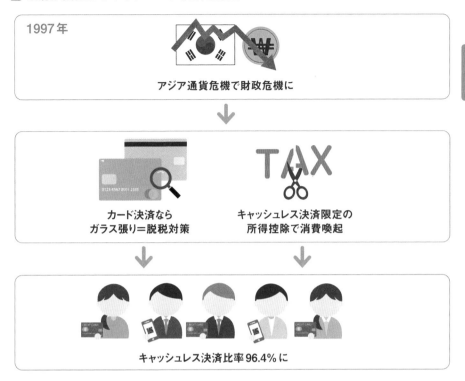

1997年

アジア通貨危機で財政危機に

↓

カード決済なら
ガラス張り＝脱税対策

キャッシュレス決済限定の
所得控除で消費喚起

↓　　　　↓

キャッシュレス決済比率96.4%に

▶ QRコード決済「ZERO Pay」の政府主導ならではの特典

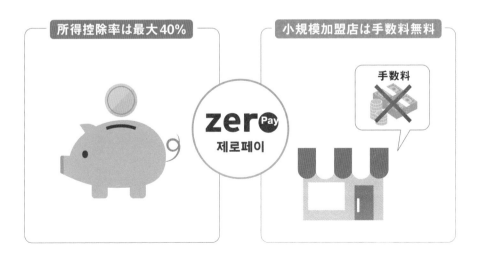

所得控除率は最大40%

小規模加盟店は手数料無料

手数料

zero Pay
제로페이

Chapter6
70

デビットカードの使用が主流の イギリス

キャッシュレス決済比率69.6％のイギリスは、世界屈指のキャッシュレス大国です。しかしその主役は中国や韓国とは違い、日本ではなかなか広まらないデビットカードなのです。

欧州ではデビットカードが主役

一般社団法人キャッシュレス推進協議会が公開した「キャッシュレス・ロードマップ2019」によると、2016年時点でのイギリスのキャッシュレス決済比率は69.6％です。しかし、クレジットカード中心の韓国、QRコード決済が強い中国とは違って、イギリスで、というより欧州でのキャッシュレス決済の主役はデビットカードです。これは、デビットカードが小切手の代替サービスとして日常の決済手段として普及してきたからですが、クレジットカードの扱いが日本のそれとは大きく異なるからでもあります。欧州などではクレジットカードは原則としてリボ払い専用になっています。そのため、クレジットカード払いでは手数料を支払う必要があるのです。このことから、普段は手数料が不要なデビットカードを使い、高額の支払いにはクレジットカードを使うなどして、使い分ける消費者が多いのです。

デビットカード
金融機関によって発行される預金口座と紐付けられた決済用カード。「クレジットカード」と違って審査が無い例が多く、決済金額は口座から即時引き落とされる。

ロンドンオリンピックが起爆剤に

イギリスは2000年代にはキャッシュレス決済が日本よりも普及していました。その普及の第2ステージになったのが、2012年のロンドンオリンピック会場内での支払いに採用された、VISAのタッチ決済「VISA Contactless（旧名VISA payWave）」です。その後VISA Contactlessは地下鉄やバスの乗車にも利用できるようになり、イギリスでタッチ決済は大きく広がりました。

タッチ決済はクレジットカードとデビットカードのどちらにも搭載されており、今では多くの人がタッチ決済を利用しています。それもあり、デビットカード利用率は今では現金以上の比率です。

Visa Contactless
世界シェアNo.1のクレジットカード国際ブランド「VISA」の非接触型タッチ決済サービス。旧名はVISA payWave。Visa Contactless対応のクレジット／デビットカードおよびプリペイドカードで利用できる。

▶ イギリスではデビットカードは財布、クレジットカードは借金

デビットカード＝財布

- ・審査なし
- ・手数料なし
- ・即時引き落とし
- ・分割払い不可

クレジットカード＝借金

- ・審査あり
- ・手数料あり
- ・後払い（ポストペイ）
- ・分割払い可

▶ 2012年ロンドンオリンピックで一気に普及が加速

五輪会場に
「Visa Contactless」導入

公共交通機関にICカード導入

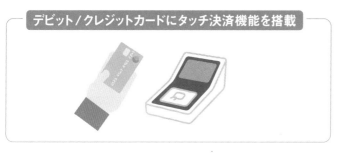

デビット/クレジットカードにタッチ決済機能を搭載

Chapter6
71

タッチ決済普及率世界１位の オーストラリア

最近の日本では、QRコードを使ったスマホ決済が注目を浴びがちです。しかし欧米先進国では、むしろタッチ決済の方に勢いがあります。中でもオーストラリアは、大手小売りがいち早く対応したため、その傾向が顕著です。

「タッチ決済」普及率世界No.1に

オーストラリアは、2016年時点でのキャッシュレス決済比率が韓国、イギリス、中国に次ぐ世界第4位のキャッシュレス大国です。中でも多く利用されているのが、Visa ContactlessやMastercard Contactlessなどの、クレジットカードをかざして支払うことができるタッチ決済です。オーストラリアは、キャッシュレス決済全体の比率は4番手ですが、ことタッチ決済の普及率に関しては世界トップです。オーストラリアでタッチ決済が登場したのは2007年頃ですが、2011年にオーストラリアの2大スーパーマーケット「Coles」と「Woolworths」がタッチ決済を導入したことにより、普及が一気に加速しました。

オーストラリアでは、公共交通機関でもタッチ決済が広く利用されています。2012年に登場したフェリー専用のプリペイド式交通系ICカード「Opal Card」でキャッシュレス化が始まり、すぐに電車やバスにも対応。2019年には多くの公共交通機関がクレジット・デビットカードを使ったタッチ決済に対応しました。

オンラインバンキングサービスも充実

タッチ決済以外でも、オーストラリアでは急速にキャッシュレス決済比率が高まっています。銀行口座と紐付けることでスマートフォンなどから支払いができるBPAYというオンラインバンキングサービスは、2018年には国民の6割が利用するまでに成長。2018年にはPayIDと名付けられた、電話番号やメールアドレスだけで送金が可能なサービスが開始され、こちらも順調に利用者が伸びています。

Mastercard Contactless
国際ブランドである「Mastercard」が展開する、非接触型タッチ決済サービス。

BPAY
オーストラリアとニュージーランドで利用されている、請求書の支払いができるオンラインバンクサービス。サービス開始は1997年。利用可能な請求書には業者番号と顧客番号が記載されており、オンラインバンクからBPAYのページに移動し、両番号と支払い金額を入力するだけで支払いが完了する。

PayID
オーストラリアの主要な銀行や金融業者が提携して立ち上げた「New Payments Platform」（NPP）と呼ばれる銀行間リアルタイム決済システムをベースとする決済サービス。

▶ タッチ決済の起爆剤となったのは2大スーパーによる導入

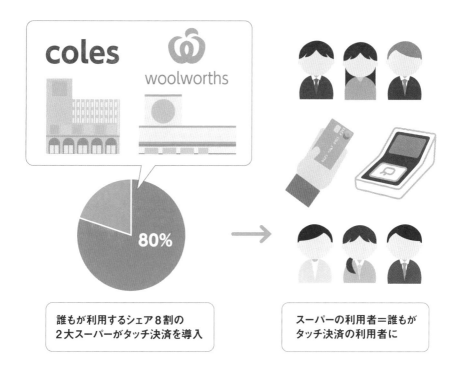

誰もが利用するシェア8割の
2大スーパーがタッチ決済を導入

スーパーの利用者＝誰もが
タッチ決済の利用者に

▶ 国民の6割以上が利用している「BPAY」

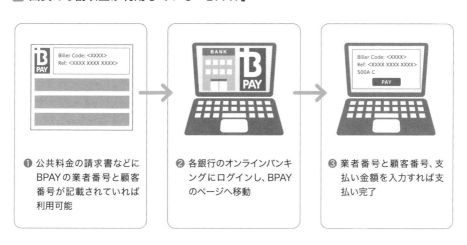

❶ 公共料金の請求書などに
BPAYの業者番号と顧客
番号が記載されていれば
利用可能

❷ 各銀行のオンラインバンキ
ングにログインし、BPAY
のページへ移動

❸ 業者番号と顧客番号、支
払い金額を入力すれば支
払い完了

Chapter6
72

スウェーデンでは2025年以降現金がほぼ使えなくなる？

キャッシュレス決済の比率が高い国は、中国と韓国を除くと、ほぼ欧米先進国です。中でもスウェーデンは、2025年以降は現金がほぼ利用できなくなるのではないかといわれるほど、キャッシュレス決済が急速に拡大しています。

QRコード決済や送金ができる人気の「Swish」

Swish
スウェーデンの主要銀行11行が共同で開発したQRコード決済サービス。スマートフォンのアプリで利用する。支払いのほか、ユーザーどうしの個人間送金も可能。

BankID
Swishに限らず、さまざまなシーンで必要になる個人識別ID。出生時に自動的に与えられる「個人識別番号」と、銀行口座開設時に銀行から交付される電子証明書を統合した、「銀行口座と紐付けられた個人識別ID」のこと。

スウェーデンでは、キャッシュレス決済が急速に拡大しています。これまでは、どこの店舗でもVISAやMastercardのクレジット・デビットカードが利用できたため、多くの人が利用していました。それに加え2012年に同国内の主要銀行が共同開発したQRコード決済サービス「Swish」の提供が始まり、今ではキャッシュレス決済を支えるサービスとなっています。Swishはスマートフォン用アプリとして提供され、BankIDと呼ばれる個人識別番号と電話番号を紐付けることで利用できます。決済だけでなく、相手の電話番号を指定して送金することも可能です。

さらにスウェーデンでは、中央銀行がブロックチェーンを用いたデジタル通貨「eクローナ」の発行に向け試験運用を開始するなど、キャッシュレス決済の普及に向け積極的です。

デジタル・ディバイドが深刻な社会問題に

デジタル・ディバイド
パソコンやスマートフォン、インターネットといったITを利用できるユーザーと、そうでないユーザーの間に生じる格差。

ただし、スウェーデンの急過ぎるキャッシュレス決済拡大には、弊害も出ています。スウェーデンではSwishの開始以降、現金による支払いが急速に減少しました。2016年には15%まで落ち込み、この調子でキャッシュレス決済が拡大し続ければ、2025年頃には現金がほぼ使えなくなるのではという予測すら出ています。実際、現時点ですでに、店舗や公共交通機関、はては公衆トイレに至るまで現金お断りのサービスが増えており、高齢者や障害者、移民や外国人、ITインフラの整備が遅れている地方の住人などとのデジタル・ディバイドが、深刻な社会問題となりつつあるのです。

▶ 誰もが自動的に付与される情報だけで利用できる「Swish」

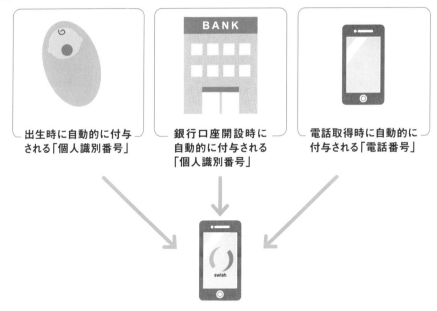

出生時に自動的に付与される「個人識別番号」

銀行口座開設時に自動的に付与される「個人識別番号」

電話取得時に自動的に付与される「電話番号」

手数料が安く使い勝手抜群の「Swish」

▶ 現金支払いの急減によりデジタル・ディバイドの問題が生活に直結

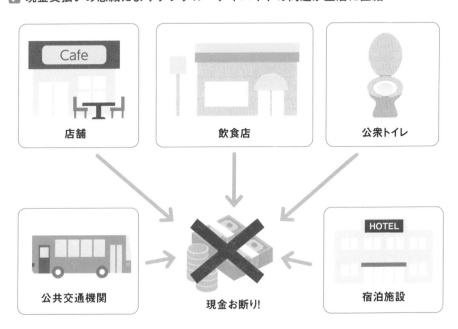

店舗

飲食店

公衆トイレ

公共交通機関

現金お断り!

宿泊施設

Chapter6 73

飲食業界を中心にキャッシュレス化が進められているアメリカ

長くクレジットカードが主役だったアメリカでも、徐々にスマホ決済などの新しいキャッシュレス決済が広まりつつあります。ただし、欧米先進国では珍しく、アメリカはキャッシュレスに対する反発が大きい国でもあります。

各企業のサービス向上、合理化の一環から始まった

クレジットカード発祥の地であるアメリカでは、現在でもキャッシュレスの主役はクレジットカードとデビットカードです。とはいえ、最近ではスマホ決済のような新しいキャッシュレス決済も徐々に広がりつつあります。アメリカのスマホ決済は、まず飲食・小売・ベンチャー業界のサービス向上、合理化の一環から始まりました。代表例は世界最大のスーパーマーケット・ウォルマートやスターバックスなどで、いずれもQR・バーコード決済機能に予約注文やポイントシステムなどを統合した専用アプリです。特にスターバックスアプリは一時、チャージ残高12億ドル超というアメリカ最大のスマホ決済サービスとなり、ほかの企業も次々とスマホ決済サービスをスタートさせました。

反発も大きく利用を制限する法律も

当初はさまざまな企業のサービス向上、合理化の手段として広がっていったアメリカのスマホ決済ですが、現在では政府機関や大手銀行による社会インフラとしての整備もスタートしています。

しかし一方で、アメリカではキャッシュレスへの反発もあります。クレジットカード大国といわれるアメリカですが、貧富の差が激しく、またクレジットスコアが個人の信用情報として広く利用されているため、クレジットカードや銀行口座を作れない人が少なくありません。さらにプライバシー意識の高い国民性も、購買履歴などが残るキャッシュレス決済に対する抵抗を大きくしています。一部の州では、キャッシュレス専用店舗（あるいはキャッシュレス優遇店舗）を制限する法案が可決されるほどです。

クレジットカード発祥の地
世界初のクレジットカード会社は1950年にニューヨーク市で設立されたダイナースクラブ。

スターバックスアプリ
コーヒーチェーン店のスターバックスが配信したアプリ。日本でも公開されており、店舗での支払いなどで利用できる。

クレジットスコア
利用者の信用情報のこと。アメリカではクレジットスコアの信用偏差値で評価され、金融だけではなく、就職試験や入居審査にも影響を及ぼすほど大きい。

▶ アメリカ最大のスマホ決済サービスになったスターバックスアプリ

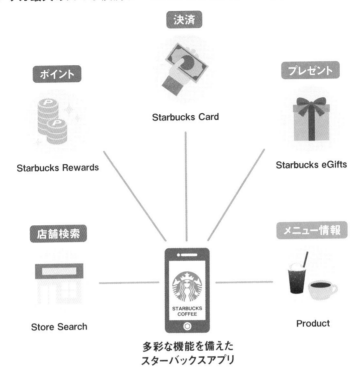

多彩な機能を備えた
スターバックスアプリ

▶ クレジット大国・アメリカだが、キャッシュレスへの反発は少なくない

13億の人口を抱えるインドのキャッシュレス決済事情

ゼロからのキャッシュレス化を続けるインド

本章でこれまで紹介してきた以外にも、キャッシュレス決済に力を入れている国は多数あります。中でもインドは、現時点でのキャッシュレス決済比率はそこまで高くないものの、ほとんどゼロの状態からわずか数年で大きな変化を遂げた国です。

世界最大級の人口を抱える国インドでは、トップダウンでキャッシュレス化が強力に推し進められています。端緒となったのは、モディ政権が就任後に進めてきた「国民皆銀行口座プロジェクト」と、2016年11月に突如発表された高額紙幣の廃止です。脱税やマネーロンダリング、偽札防止のために打ち出されたこれらの政策は、自殺者が出る、銀行に長蛇の列ができるなどインド国内に大きな混乱を巻き起こし、インドのGDP成長率も一時急落しました。しかし、ことキャッシュレス化に関しては絶大な威力を発揮したのです。

もともとインドは銀行口座保有率が低く、13億を超える人口に対して、2012年時点のキャッシュカード発行枚数はわずか3億5,000万枚に過ぎませんでした。ところがモディ政権の誕生以降、キャッシュカード発行数は激増し、高額紙幣廃止後の2016年末には8億枚に到達。国民の銀行口座保有率が高まったことで、デビットカードの発行数も凄まじい勢いで増加し、2018年には8億5,000万枚と、のべ枚数では人口の7割にまで達しました。

加えて2010年前後には「Paytm」「MobiKwik」など、新しいスマホ決済サービスが次々と誕生し、こちらも2012〜2016年の4年間で、利用者数が30倍、取引額が10倍という勢いで成長しています。インドは電力や通信の環境が悪いためスマホ決済には障害が多いのですが、特にPaytmはサービス開始からわずか8年でユーザー数3億人を獲得。年間取引高200億ドルというビッグサービスとなり、今も拡大を続けています。

第7章

キャッシュレス決済を巡る現状と展望

ここまでの章でキャッシュレスの歴史や現状を見てきましたが、キャッシュレス社会はこれからどのように変わっていくのでしょうか。日本のキャッシュレスの現状を踏まえながら、その将来について考えていきましょう。

Chapter7 74

日本のキャッシュレス化の未来はどうなる？

QRコード決済が浸透し、キャッシュレス決済ポイント還元制度がスタートした2019年は、間違いなく日本のキャッシュレス元年です。しかし、日本のキャッシュレス化が順調に進むかといえば、必ずしもそうとは限りません。

日本のキャッシュレス化を大いに進めた2019年

QRコード決済の浸透とポイント還元制度は、日本のキャッシュレス決済にとって大きな転換点となり、キャッシュレス決済比率が上昇したというデータもあります（右上図）。日経BPが2019年10月に行った「47都道府県キャッシュレス決済普及率ランキング2020」によると、2018年10月から流通系電子マネーの利用率は2.5倍に、QRコード決済は10倍以上に激増しました。

しかし、日本のキャッシュレス化が今後順調に進むかというと、そうとは限りません。先ほどの調査で、2018年10月からの1年間で目立つのは2位の流通系電子マネーと、4位のQRコード決済です。QRコード決済は、伸び率10倍以上と勢いがありますが、2018年10月時点で2%だったものが20%まで増えたに過ぎません。一方、2位の流通系電子マネーはもともとお得なポイント付与をウリに顧客を獲得してきたサービスが多く、その利用者はポイント還元制度と特に親和性が高いユーザー群です。つまり、現行の流通系電子マネーはそのほとんどが、顧客の囲い込みを目的とするサービスであり、事業者がスタンスを変更しない限り「どこでも使える決済手段」とはならず、流通系電子マネーの利用率増加とキャッシュレス化は、イコールではないのです。

そして何より、現在の日本のキャッシュレス化は、政府のポイント還元制度に支えられたものに過ぎず、加盟店の間ではポイント還元制度終了後に対する不安の声が多くあります。加えて、特にQRコード決済のほぼすべての事業者が、将来的には決済手数料の有料化を予定しており、数年後には加盟店側の負担は増えることになります。今後の展開によっては、日本のキャッシュレス化は尻すぼみになる可能性もあるのです。

流通系電子マネー
小売系事業者が発行する電子マネー。代表例としてはイオングループのWAON、セブン&アイ・ホールディングスのnanaco、楽天の楽天Edyが挙げられる。

決済手数料
キャッシュレス決済で料金が支払われた際に、決済金額に応じて加盟店側が決済事業者に支払う手数料。

▶ 2019年の1年間で大幅に伸び、今や"常識"となったキャッシュレス決済

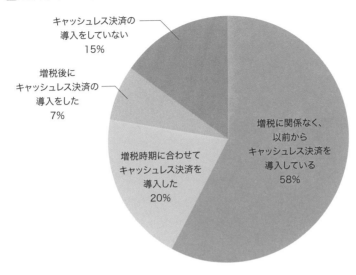

キャッシュレス決済の
導入をしていない
15%

増税後に
キャッシュレス決済の
導入をした
7%

増税時期に合わせて
キャッシュレス決済を
導入した
20%

増税に関係なく、
以前から
キャッシュレス決済を
導入している
58%

出典：ラクーンコマース「増税後のキャッシュレス決済に関する調査」
URL　https://news.raccoon.ne.jp/press/2019/2942/

▶ 「キャッシュレス化はますます加速する」、とは限らない

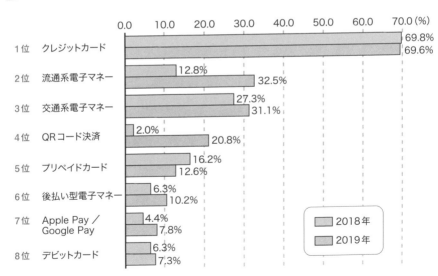

	0.0	10.0	20.0	30.0	40.0	50.0	60.0	70.0 (%)

1位　クレジットカード　69.8% / 69.6%

2位　流通系電子マネー　12.8% / 32.5%

3位　交通系電子マネー　27.3% / 31.1%

4位　QRコード決済　2.0% / 20.8%

5位　プリペイドカード　16.2% / 12.6%

6位　後払い型電子マネー　6.3% / 10.2%

7位　Apple Pay ／ Google Pay　4.4% / 7.8%

8位　デビットカード　6.3% / 7.3%

2018年
2019年

出典：日経BP「47都道府県キャッシュレス決済普及率ランキング2020」
URL　https://xtrend.nikkei.com/atcl/contents/casestudy/00012/00299/

Chapter7
75

キャッシュレスにおける
エコシステムの創造

キャッシュレス化は狭義の意味では現金の置き換え、デジタル化を意味しますが、中国にはキャッシュレス化を武器に、一大エコシステムの創造に成功した企業があります。それは、アリペイを展開するアリババグループです。

📍 キャッシュレス化の目標はエコシステムの創造か

エコシステム
もともとは「生態系」を意味する自然科学用語だが、ビジネス用語としては「共に成長する、イノベーションを生み出す企業群」という意味で使われている。

ID-POS
POSデータに「誰が売買したか」という個人情報を紐付けたデータ。従来型のPOSが商品の売れ方を管理・分析するためのシステムであるのに対して、ID-POSは消費者の消費行動や趣味嗜好をも把握することができる。

　決済事業者としてキャッシュレス化を考える場合、目指すべきゴールは単なる現金のデジタル化ではなく、エコシステムの創造かもしれません。それを現実のものとしているのが、すでに決済という枠には収まらない、巨大な存在となっているアリペイです。

　アリペイは当初、ECサイト・タオバオの決済システムに過ぎませんでした。にもかかわらず、10年ほどでここまで巨大な存在となったのは、早い段階からエコシステムの創造を目標とし、それを成し遂げるための武器としてアリペイを戦略的に普及させたことにあります。

　アリペイは決済事業者側の視点で見ると、超巨大な汎用ID-POSシステムといえます。ID-POSは日本でも会員カードやポイントカード、サービス利用に必要なアカウントといった形で広く導入されています。しかしその多くは自社の顧客だけを対象とし、収集した情報も顧客囲い込みや新製品開発などの狭い用途での利用に限られています。

　それに対してアリババは、アリペイを決済ツールとして普及させることに成功し、また同時にアリババグループ以外の企業にも積極的に提携の環を広げることで、あらゆるサービスへつながるポータルへと育て上げました。その結果、今や中国市場そのものを対象とする超巨大なID-POSへと成長したのです。アリペイの汎用性と収集した膨大なビッグデータが顧客と加盟店を呼び、増えた顧客と加盟店からさらに多くのビッグデータが流れ込むという正のスパイラルが成立し、多くの企業が共存共栄するアリババ経済圏とも呼ばれるエコシステムの創造に成功しています。

▶ 日本のID-POSは自社の利益向上が主目的

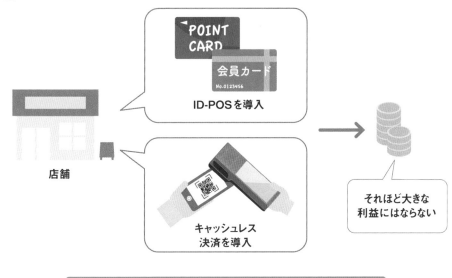

POINT CARD

会員カード No.0123456

ID-POSを導入

店舗

キャッシュレス決済を導入

それほど大きな利益にはならない

「キャッシュレス化」は決済自体による収益を期待したもの

▶ アリペイはエコシステムを作るためのツールとなっている

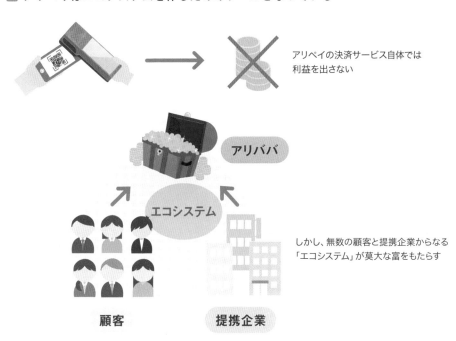

アリペイの決済サービス自体では利益を出さない

アリババ

エコシステム

しかし、無数の顧客と提携企業からなる「エコシステム」が莫大な富をもたらす

顧客

提携企業

Chapter7
76

Yahoo!とLINEの経営統合による「スーパーアプリ」の可能性

Yahoo!とLINEが経営統合することにより、もしかしたら「○○ペイ」の乱立に終止符を打つかもしれません。しかし、それ以上に「スーパーアプリ」誕生の可能性を秘めています。

○○ペイ乱立に終止符？　スーパーアプリ誕生も

2019年11月、Yahoo! JAPANを運営するヤフーの親会社であるZホールディングスとLINEが、経営統合を発表しました。Zホールディングスは PayPay と同じソフトバンクのグループ企業であり、LINEはLINE Payの親会社です。つまりこの統合は、PayPayとLINE Payという日本のQRコード決済で圧倒的なシェアを持つ事業者の誕生を意味しているのです。さらにこの統合には、大きな意味があります。それは、日本初のスーパーアプリ誕生の可能性が秘められているということです。

パソコンの時代、検索サイトはポータルサイトと呼ばれ、最重要視されていました。しかしスマートフォンの時代になると、多くのサービスがアプリの形で実装され、顧客の動線が複雑化します。そして現在、顧客動線を押さえることができるサービスとして注目を集めるのが、あらゆるサービスをミニアプリの形で実装し、多数のミニアプリを動作させるプラットフォームとしての役割を果たす「スーパーアプリ」です。

ソフトバンクがLINEを獲得した理由は、ここにあります。ソフトバンクは、現時点ですでに日本No.1のIT企業グループとして各種サービスを展開しています。そしてキャッシュレス決済のPayPayも、2位以下との差を広げつつあります。しかし多くのユーザーが日常的に利用するインスタントメッセンジャーだけは、未だに成功していません。一方LINEは、周辺事業のマネタイズに苦労していますが、ことインスタントメッセンジャーでは圧倒的なシェアを持ちます。経営統合によって、両社の不足はぴったりと埋まります。両社がうまくシナジー効果を生み出すことができれば、日本初のスーパーアプリの誕生が見られるかもしれません。

スーパーアプリ
ひとつのアプリでさまざまなサービスが利用できる、プラットフォームとしての役割を果たす超多機能アプリ。中国のアリペイやWeChat Payなどがある。

ポータルサイト
さまざまなサービスの利用や情報収集の窓口としての役割を果たすサイトを指す。典型例は「Google」や「Yahoo! JAPAN」のような検索サイト。

▶ パソコンとスマートフォンの顧客動線の違い

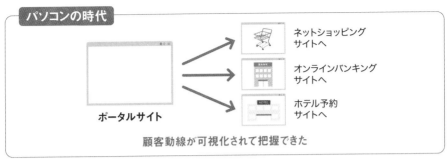

▶ ソフトバンクグループで成功しなかったインスタントメッセンジャー

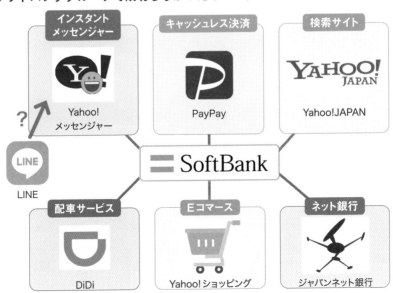

Chapter7
77

キャッシュレス決済にかかわる新しいプロジェクトの展開

来たるべきキャッシュレス社会を支えるには、技術的なバックボーンも必要になります。ブロックチェーンベースの決済ネットワーク「Global Open Network」（GO-NET）は、その好例といえます。

MUFGとAkamaiが新決済ネットワークを構築

キャッシュレス化は世界の潮流ですが、キャッシュレス決済比率の向上には技術的なバックボーンも重要です。少額決済までもがすべてキャッシュレスで処理されるようになれば、決済トランザクションが激増するのは目に見えています。これに対処するためにはFinTech（Sec.14参照）が必要になるのです。そして、来たるべきキャッシュレス社会を支えるFinTechは、すでに始まりつつあります。たとえば、三菱UFJフィナンシャル・グループ（MUFJ）とAkamaiのGlobal Open Network（GO-NET）です。

GO-NETは、2019年4月にMUFGとAkamaiが設立した合弁会社「Global Open Network Japan」が2020年上期にサービス開始を予定している、ブロックチェーンをベースとした決済ネットワークです。来たるべきキャッシュレス社会、IoT時代のマイクロペイメント（超少額決済）を支える決済インフラとして、期待が高まっています。

ブロックチェーンの潜在能力を生かしたGO-NET

ブロックチェーンを利用したサービスの多くはパブリック型として設計されていますが、GO-NETは最初から信頼性が高く低遅延、かつ均質性が高いAkamaiネットワーク内で動作するプライベート型として設計されています。そのため、ブロック生成時間が100ミリ秒と非常に短く、合意形成アルゴリズムもPoWなどより遙かにコストが安い方式を採用しています。ブロックチェーンの潜在能力を最大限生かし、阻害要因を徹底的に排除することで、超高速決済ネットワークを実現したというわけです。

Akamai
Akamai Technologies。米国に本拠を置くコンテンツデリバリネットワーク（CDN）の老舗大手。

パブリック型／プライベート型
ブロックチェーン（あるいはブロックチェーンに近い技術）を利用してデータを保存・追加・更新するアプリケーションの分類。パブリック型は中央集権的な管理者がおらず民主的で、誰でも新規ブロック生成やブロック閲覧が可能。プライベート型は合意形成アルゴリズムのコストを抑えられるため高速な処理が可能。

PoW
Proof Of Work。ビットコインなどの暗号資産がコイン生成の際に採用している合意形成アルゴリズム。取引検証作業に協力するとコインが獲得できるしくみ。

▶ Global Open Network

Global Open Network
URL　https://go-net.jp/japan/

▶ パブリック型とプライベート型

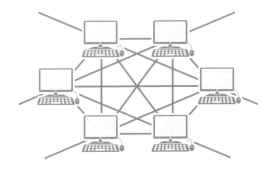

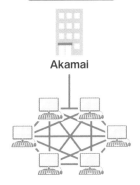

・信頼性を確保するため合意形成アルゴ
　リズムのコストが高くなりがち

・ノードによって処理性能がバラバラな
　のでマージンも必要になる

・Akamaiネットワーク専用なのでコス
　トの安い合意形成アルゴリズムでOK

・均質性の高い低遅延超高速ネットワー
　クなのでブロック生成時間を限界まで
　短くできる

Chapter7
78

キャッシュレス推進協議会による規格統一の試み

日本のQRコード決済の普及速度が今ひとつである最大の理由は、規格の乱立です。そのため、キャッシュレス推進協議会は日本のQR・バーコード決済の統一規格「JPQR」を策定し、普及を推進しています。

QR・バーコード決済の日本統一規格「JPQR」

日本でのQR・バーコード決済のさらなる普及には、規格の乱立が障害となっています。一般社団法人キャッシュレス推進協議会はQR・バーコード決済のさらなる普及を目指して2019年3月、日本のQR・バーコード決済の統一規格JPQRを策定しました。そして同年8月1日には統一QR「JPQR」普及事業がスタートしました。JPQRによるコード統一化が成功すれば、店舗側はレジカウンターで提示するQRコードがひとつで済むようになり、利用者に決済サービスを尋ねる必要もなくなります。一方利用者側も、JPQR対応の決済アプリをひとつインストールしておくだけで、JPQR対応店舗すべてでQR・バーコード決済が利用できるようになります。QR・バーコード決済統一規格の成否が、今後の日本のQR・バーコード決済普及を左右するかもしれません。

統一QR「JPQR」普及事業
総務省によるJPQRの普及促進事業。2019年8月に岩手県・長野県、和歌山県、福岡県の4県で実証実験がスタートした。

暗雲立ち込めるJPQRの未来

しかし残念ながら2020年1月時点、普及は思うように進んでいません。PayPay、LINE Payなどの大手が顧客提示型に関しては比較的早い段階でJPQRに準拠したものの、肝心の店舗提示型に関しては、最大手のPayPayが「中国のアリペイとの連携を優先する」として早々に不参加を表明し、楽天ペイも消極的です。国内決済サービスにとって店舗提示型のQRコード統一への参加は、自社で囲い込んだ顧客をライバルである他決済事業者に譲り渡すようなものです。国内大手の賛同を得られていないJPQRの行く末には、スタートから3ヶ月あまりですでに暗雲が漂いつつあります。

顧客提示型
利用者がスマートフォンの画面にQR・バーコードを表示して店舗に読み取ってもう方式のQR・バーコード決済。いわゆるストアスキャンのこと。

店舗提示型
利用者が店舗に掲示されているQRコードをスマートフォンで読み取る方式のQRコード決済。いわゆるユーザースキャンのこと。

▶ 顧客提示型と店舗提示型の対応に温度差

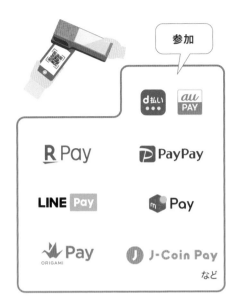

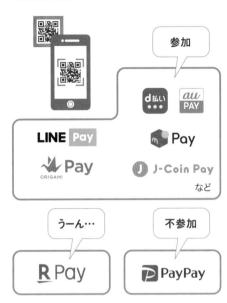

▶ JPQRの行く末には暗雲が漂う一面も

中国の超大手コード決済事業者のほうが
優先度が高い?

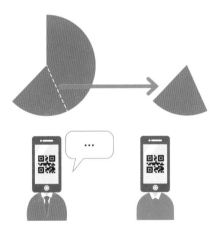

大手にとっては、わざわざ競合他社に
シェアを分け与えるようなもの

Chapter7
79

インバウンド戦略としての
キャッシュレス決済

訪日外国人旅行客の爆発的な増加により、インバウンド消費は今や日本経済の一部となっています。ですが、現在の日本のインバウンド消費には、キャッシュレス化の遅れによる機会損失がかなりあるといわれています。

ここ10年で3倍に急増した訪日外国人旅行者

観光立国推進基本法
旧観光基本法を全面的に改定し、観光を日本の重要政策の柱であることを明確に定めた法律。

インバウンド
観光用語としてのInboundは、外国から自国へやってくる旅行、あるいは旅行客を指す。

日本において観光はかつてはあまり重視されておらず、訪日外国人旅行者の数は常に日本からの出国者の数を下回っていました。しかし2003年、政府は観光立国を目指す構想を打ち出し、ビジット・ジャパン・キャンペーンを開始。2007年には観光立国推進基本法を施行。2008年には国土交通省の外局として観光庁が発足し、インバウンド戦略は日本の国家的重要課題となりました。

その結果、訪日外国人旅行者の数は、2013年以降は円安やアジア圏の平均所得上昇、ビザ発給要件の緩和などの追い風を受けて急増します。2008年に835万人だった訪日外国人旅行者は、2018年には3,100万人超と4倍近い成長を遂げ、インバウンド消費は日本経済を下支えするほどの存在へと大きく成長しました。

2030年には訪日旅行者6,000万人?

明日の日本を支える観光ビジョン
観光先進国へ向けた3つの視点とそれらに基づく10の改革、2020年、2030年までの訪日外国人数や訪日外国人消費額の目標を決定したインバウンド政策の指針。

それに伴って爆発的に増えたインバウンド消費を逃さないための鍵となるのが、キャッシュレス決済です。訪日外国人を対象とした「旅行中に困ったこと」などのアンケート結果では、常に「カード利用」「両替」「モバイル決済」など、決済に関する項目がランクインしています。特に、爆買いが話題になった中国からの旅行者は現金決済を好まない傾向があるため、日本のキャッシュレス化の遅れによって多くの機会損失が生じているといわれています。政府は2016年に策定した明日の日本を支える観光ビジョンで、訪日外国人旅行者数を2030年には6,000万人まで増やす目標を掲げています。インバウンド消費の今後を考えれば、キャッシュレス化は避けては通れないのです。

▶ 2013年以降、訪日外国人旅行者は爆発的に増えている

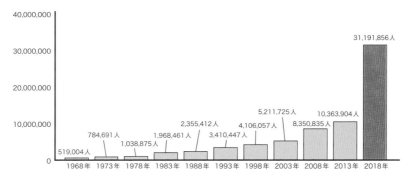

出典：日本政府観光局「年別 訪日外客数、出国日本人数の推移（1964年 - 2018年）」
URL　https://www.jnto.go.jp/jpn/statistics/tourists_2018df.pdf

▶ 訪日外国人旅行客のアンケートでは決済についての不満が入る結果に

旅行中に困ったこと（複数選択）

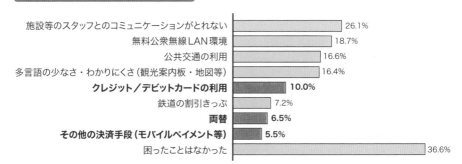

出典：観光庁「受入環境について訪日外国人旅行者にアンケート調査結果（2018年）」
URL　https://www.mlit.go.jp/kankocho/news08_000267.html

訪日旅行中買い物で使用されている決済

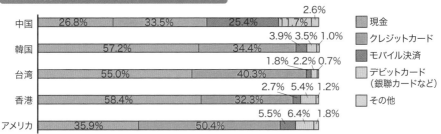

出典：JTB「JTB訪日旅行重点15カ国調査2019」
URL　https://www.jtb.co.jp/inbound/market/2019/shopping-payment-cashless-report-2019/

Chapter7
80

認証技術向上によるこれからのキャッシュレス決済

日本でスマホ決済がブームとなる中、キャッシュレス先進国である中国や欧米ではすでに、次のステップへと進みつつあります。それは、生体認証を利用したキャッシュレス決済です。

中国ではすでに珍しくなくなった顔認証決済

日本で現在ブームとなっているスマホ決済は、中国ではすでに、やや時代遅れの手法となりつつあります。今や中国では顔認証を利用したキャッシュレス決済が珍しくなく、そのサービス利用者は2019年11月時点で、すでに1億8,000万人を越えています。中国で顔認証技術を使ったキャッシュレス決済をリードしたのは、アリペイです。アリペイは2017年、顔認証を利用した決済システムSmile to Payの実証実験を開始しました。一方、アリペイのライバルであるWeChat Payもまた、顔認証決済でアリペイを猛追しています。日本でも顔認証決済の研究は進んでおり、2019年春頃からNECやパナソニック、ファミリーマートなどが、相次いで自社社員を使った実証実験をスタートさせています。

手ぶら決済が当たり前になる？

生体認証を利用した決済サービスは、顔認証だけではありません。近いうちに手のひらを利用した生体認証決済が実現しそうです。日本ではイオングループのイオンクレジットサービスが、手のひらの静脈を利用した生体認証決済技術の実証試験をミニストップの一部店舗で2018年秋からスタートしました。

またスウェーデンでは、体内に埋め込んだマイクロチップを利用した決済がすでに珍しくなくなっています。スウェーデンでは2015年頃から、累計数千人がマイクロチップを体内に埋め込んでおり、2017年には国有鉄道会社が体内マイクロチップ専用の予約チケット販売を開始するなど、将来的にはこのような手ぶら決済が当たり前になっていく可能性があります。

Smile to Pay
アリペイに顔情報を紐付けると利用できる決済サービス。2017年秋よりアリババの金融会社・アントフィナンシャルの本社がある中国・杭州のケンタッキーフライドチキンで実証実験を開始。2018年8月より正式にサービスを展開している。

生体認証
人間の身体的特徴や行動的特徴を認証要素として利用する認証技術。身体的特徴では指紋、顔、虹彩や網膜、指や手のひらの血管などが認証要素としてよく利用されている。

マイクロチップ
小型の集積回路で、家畜等では耳タグなど体外に付けられることが多いが、人間用やペット用は皮下に埋め込むタイプが主流。

▶ 利便性が高い顔認証決済

スマホ決済には面倒な点も多い

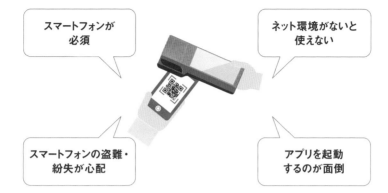

- スマートフォンが必須
- ネット環境がないと使えない
- スマートフォンの盗難・紛失が心配
- アプリを起動するのが面倒

便利で手軽な顔認証決済

- 手ぶらでOK
- 盗難・紛失の心配がない

▶ 手のひら決済とマイクロチップ決済

イオンクレジットサービスは「手のひら静脈認証」を利用した決済サービスの実証実験を開始

親指と人差し指の指間部にマイクロチップを埋め込むと、手をかざすだけで決済ができる

Chapter7
81

キャッシュレス社会は
バラ色とは限らない

利便性の向上と経済活動の効率化をもたらすキャッシュレス化は、今後もますます進んでいきます。しかし、キャッシュレス化を実現した社会がバラ色かといえば、必ずしもそうとは限りません。

キャッシュレス化にはデメリットもある

　昨今ではキャッシュレス決済が一種のブームになっていますが、キャッシュレス社会はすべてがバラ色かといえば、必ずしもそうとは限りません。キャッシュレス化にはデメリットもあるからです。個人レベルでのキャッシュレス化の最大の欠点は、災害や機器の故障に弱いことです。キャッシュレス決済はどんなタイプであれ、店舗側に電力と通信手段が必要です。災害でこれらが失われてしまえば、利用できません。同様に、スマートフォンを使った決済の場合は端末の故障やバッテリー切れも致命的です。さらに、キャッシュレス化が進めば、これまでなかったような新しい犯罪も登場します。QRコード決済が当たり前になっている中国では、強盗や偽札、釣り銭の誤魔化しといった犯罪が減った代わりに、QRコード詐欺で売り上げを盗み取られたり、QRコード解析でカード番号や銀行の口座番号、電話番号、個人識別番号といった重要な個人情報を盗み取られたりするといった新しい犯罪手口が登場し、大きな被害が出ています。

　キャッシュレス化は、良くも悪くも社会の形を変えます。完全なキャッシュレス社会になれば、スーパーのレジ打ちや銀行の窓口業務のような仕事は必要なくなるでしょうし、税理士や会計士といったホワイトカラー職も、クリエイティブな仕事ができる人以外は淘汰されるかもしれません。業務効率化、経費削減の名目で、雇用は減ることになる可能性が高いでしょう。さらに、デジタル・ディバイドの問題もあります。キャッシュレス社会が本格化すれば、情報弱者は社会生活において著しく不利な立場に陥ります。良くも悪くもキャッシュレス化は、私たちが暮らす社会の姿を変えていくことになりそうです。

QRコード詐欺
店舗提示型のQRコード決済で店舗が提示している支払い用QRコードの上に、偽物のQRコードを貼り付けられてしまう手口。

QRコード解析
QRコードは一見複雑だが、実は0と1を白と黒のセルに置き換え、多少の加工を加えただけに過ぎない。そのしくみを知っていれば、肉眼で情報を読み取ることも可能。

▶ キャッシュレス決済にはデメリットもある

災害などで送電や通信が止まる

QRコード詐欺など新手の犯罪

端末の故障・バッテリー切れ

磁気劣化・IC チップ接触不良

▶ 良くも悪くも、キャッシュレス化は社会を変える

社会の形が大きく変化する

無人レジ

なくなる仕事がある

レジ打ち　　　会計事務所

**情報格差が
社会格差に直結する**

おわりに

　本書で取り上げたキャッシュレス決済の事例の中には、本書刊行後にサービス内容が変更されたり、終了になってしまったりするものがあるかもしれません。日々の華やかなメディアへの露出とは裏腹に、多くのサービス事業者はなかなか事業を黒字へと展開できないもどかしさを抱えているようです。それでもキャッシュレス決済の普及やシェア獲得に向け、国も企業も日々邁進しています。

　キャッシュレス決済業界だけに限りませんが、それだけ現在は世の中の動きが早く、環境も目まぐるしく変化しています。2020年の東京オリンピック・パラリンピック、2025年の大阪万博は、日本国内でキャッシュレス決済の普及につながる大きな契機となることでしょう。来たる「キャッシュレス決済80％時代」に向けて、しっかりと準備をしておきたいものです。

　その動きの中に入り込み、ビジネスチャンスにどうつなげることができるか、読者のみなさんが本書をお役立ていただけたら幸いです。

2020年1月
キャッシュレス決済研究会

索引

監修

山本　正行（やまもと・まさゆき）

山本国際コンサルタンツ　代表

2009年に山本国際コンサルタンツを設立。あらゆるキャッシュレス決済サービスのしくみやビジネスを専門にコンサルタントとして活動。行政のアドバイザーなども務め法制度にも詳しい。日本経済新聞社運営のWebサイト「リテールテックJAPAN」のキャッシュレスに関するコラムのほか、専門誌への執筆も多い。近著に「カード決済業務のすべて～ペイメントサービスの仕組みとルール～」（一般社団法人 金融財政事情研究会）がある。

■装丁　井上新八
■本文デザイン　株式会社エディポック
■本文イラスト　リンクアップ
■担当　大和田　洋平
■編集／DTP　リンクアップ

図解即戦力

キャッシュレス決済がこれ1冊でしっかりわかる教科書

2020年　3月　7日　初版　第1刷発行
2023年 10月 28日　初版　第2刷発行

著　者　キャッシュレス決済研究会
監　修　山本　正行（山本国際コンサルタンツ）
発行者　片岡　巌
発行所　株式会社技術評論社
東京都新宿区市谷左内町21-13
電話　03-3513-6150　販売促進部
03-3513-6160　書籍編集部
印刷／製本　株式会社加藤文明社

ISBN978-4-297-11181-6 C2036　Printed in Japan

◆お問い合わせについて

・ご質問は本書に記載されている内容に関するもののみに限定させていただきます。本書の内容と関係のないご質問には一切お答えできませんので、あらかじめご了承ください。
・電話でのご質問は一切受け付けておりませんので、FAXまたは書面にて下記問い合わせ先までお送りください。また、ご質問の際には書名と該当ページ、返信先を明記してくださいますようお願いいたします。
・お送りいただいたご質問には、できる限り迅速にお答えできるよう努力いたしておりますが、お答えするまでに時間がかかる場合がございます。また、回答の期日をご指定いただいた場合でも、ご希望にお応えできるとは限りませんので、あらかじめご了承ください。
・ご質問の際に記載された個人情報は、ご質問への回答以外の目的には使用しません。また、回答後は速やかに破棄いたします。

◆お問い合せ先

〒162-0846
東京都新宿区市谷左内町21-13
株式会社技術評論社　書籍編集部
「図解即戦力
キャッシュレス決済がこれ1冊で
しっかりわかる教科書」係
FAX：03-3513-6167
技術評論社ホームページ
https://book.gihyo.jp/116